JN383715

# EBS 점박이 공룡대백과

기획 **점박이 공룡대백과 제작팀** | 글 **박성욱·김혜림**
그림 **EBS · 드림써치 C&C · 이창섭**

공룡에 대한 궁금증과 대답! **35**가지
EBS 점박이 공룡대백과

# 머리말

## 공룡 대표, 타르보사우루스 점박이가 어린이들에게 보내는 편지!

일단 인사부터!

아주아주 옛날에 살았던 나와 내 친구들을 잊지 않고 좋아해 줘서 진짜 진짜 고마워~.

내 친구 중에는 힘이 세서 사냥을 잘하는 공룡도 있고,

덩치는 커다란데 움직이기는 싫어하는 게으른 공룡도 있고,

구름에 닿을 만큼 키가 큰 공룡도 있고,

아주 독특한 몸 장식을 하고 여자친구를 찾는 공룡도 있단다!

정말 다양한 공룡 세계지?

지금 우리랑 관련된 많은 책이 너희 집에도 또 서점에도 많이 있다는 것,

다 알고 있어.

원래 좋아할수록 알고 싶은 게 많아지는 법이지!

그런~데! 많은 공룡 책을 봤겠지만, 이 책에 다른 점이 있다면?

바로 공룡에 대한 최신 정보들로 가득하다는 점이지!

나, 타르보사우루스 눈이 왜 앞으로 향해 있는지,

나와 내 친구들이 얼마나 먹고 얼마나 똥을 싸는지, 방귀는 뀌었는지,

우리 콧구멍에는 어떤 비밀이 있는지,

저거 뭐지?

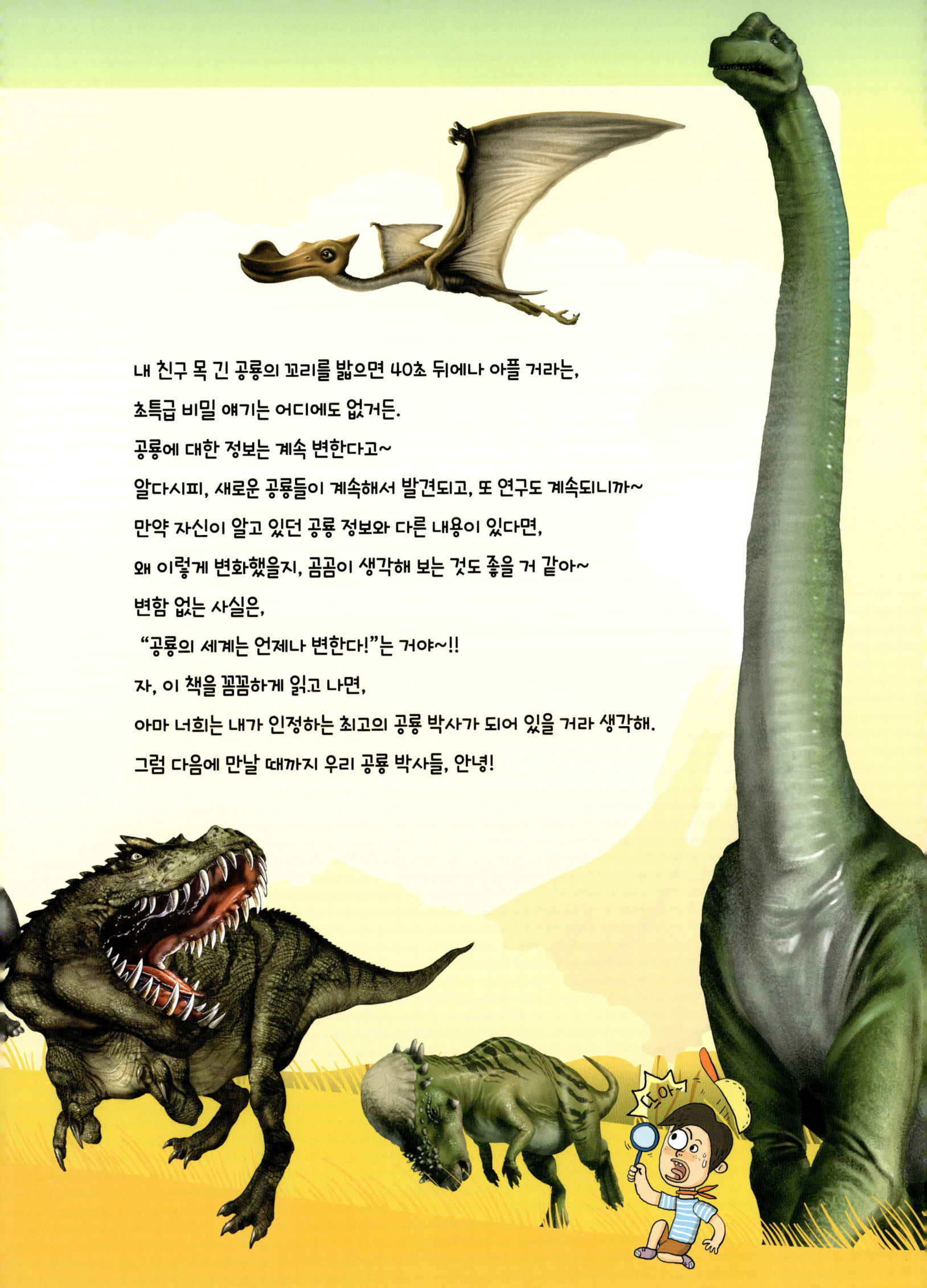

내 친구 목 긴 공룡의 꼬리를 밟으면 40초 뒤에나 아플 거라는,
초특급 비밀 얘기는 어디에도 없거든.
공룡에 대한 정보는 계속 변한다고~
알다시피, 새로운 공룡들이 계속해서 발견되고, 또 연구도 계속되니까~
만약 자신이 알고 있던 공룡 정보와 다른 내용이 있다면,
왜 이렇게 변화했을지, 곰곰이 생각해 보는 것도 좋을 거 같아~
변함 없는 사실은,
"공룡의 세계는 언제나 변한다!"는 거야~!!
자, 이 책을 꼼꼼하게 읽고 나면,
아마 너희는 내가 인정하는 최고의 공룡 박사가 되어 있을 거라 생각해.
그럼 다음에 만날 때까지 우리 공룡 박사들, 안녕!

# 차례

| 공룡에 관한 궁금증 01 | **공룡은 언제 나타났을까?** | 10 |
| 공룡에 관한 궁금증 02 | **'룡'이 붙으면 다 공룡일까?** | 12 |
| 공룡에 관한 궁금증 03 | **아시아 최강의 공룡은 누구?** | 14 |
| 공룡에 관한 궁금증 04 | **육식공룡의 이빨은 얼마나 셀까?** | 16 |
| 공룡에 관한 궁금증 05 | **육식공룡은 시력이 좋았을까?** | 18 |
| **공룡과 놀자** | | 20 |

| 공룡에 관한 궁금증 06 | **발톱으로 콕! 찍으면 최소 사망?** | 22 |
| 공룡에 관한 궁금증 07 | **40초 뒤에 아프겠습니다!** | 24 |
| 공룡에 관한 궁금증 08 | **커도 너무 커! 가장 큰 공룡은?** | 26 |
| 공룡에 관한 궁금증 09 | **목 긴 공룡은 앞발을 들 수 있었을까?** | 28 |
| 공룡에 관한 궁금증 10 | **몸이 거대하면 좋을까, 나쁠까?** | 30 |
| **공룡과 놀자** | | 32 |

| 공룡에 관한 궁금증 11 | **타조 VS 치타 VS 공룡, 달리기 승자는?** | 34 |
| 공룡에 관한 궁금증 12 | **머리가 가장 큰 공룡은?** | 36 |
| 공룡에 관한 궁금증 13 | **공룡은 얼마나 똑똑했을까?** | 38 |
| 공룡에 관한 궁금증 14 | **피부가 갑옷이라고?** | 40 |
| 공룡에 관한 궁금증 15 | **초식공룡이 순하다고?** | 42 |
| **공룡과 놀자** | | 44 |

| 공룡에 관한 궁금증 16 | **초식공룡의 무기, 방어용일까 과시용일까?** | 46 |
| 공룡에 관한 궁금증 17 | **개성 만점의 공룡, 이게 다 사랑 때문?** | 48 |
| 공룡에 관한 궁금증 18 | **공룡알은 얼마나 컸을까?** | 50 |
| 공룡에 관한 궁금증 19 | **공룡도 모성애가 있었을까?** | 52 |
| 공룡에 관한 궁금증 20 | **공룡이 얼마 살지 못했다고?** | 54 |
| **공룡과 놀자** | | 56 |

# 차례

| 공룡에 관한 궁금증 21 | 공룡들도 힘을 합쳤다고? | 58 |
| 공룡에 관한 궁금증 22 | 공룡의 체온은 몇 도일까? | 60 |
| 공룡에 관한 궁금증 23 | 공룡은 얼마큼 먹었을까? | 62 |
| 공룡에 관한 궁금증 24 | 공룡의 똥, 오줌, 그리고 방귀 | 64 |
| 공룡에 관한 궁금증 25 | 세계에서 가장 신기한 콧구멍! | 66 |

**공룡과 놀자**    68

| 공룡에 관한 궁금증 26 | 공룡의 진짜 모습? 며느리도 몰라! | 70 |
| 공룡에 관한 궁금증 27 | 공룡에게 깃털이 있었다고? | 72 |
| 공룡에 관한 궁금증 28 | 공룡=새, 동물의 분류가 바뀐다고? | 74 |
| 공룡에 관한 궁금증 29 | 공룡 정보는 왜 계속 바뀔까? | 76 |
| 공룡에 관한 궁금증 30 | 공룡도 오해를 받는다? | 78 |

**공룡과 놀자**    80

| 공룡에 관한 궁금증 31 | **익룡은 공룡이 아니라고?** | 82 |
| 공룡에 관한 궁금증 32 | **익룡이 궁금해?** | 84 |
| 공룡에 관한 궁금증 33 | **중생대 바닷속은 어땠을까?** | 86 |
| 공룡에 관한 궁금증 34 | **중생대 육상동물이 궁금해?** | 88 |
| 공룡에 관한 궁금증 35 | **왜 공룡은 갑자기 사라졌을까?** | 90 |

공룡과 놀자　　　　　　　　　　　　　　　　92

공룡과 놀자 정답　　　　　　　　　　　　　　94

육식공룡을 만나요　　　　　　　　　　　　　96
초식공룡을 만나요　　　　　　　　　　　　　98
익룡을 만나요　　　　　　　　　　　　　　　100
수장룡과 어룡을 만나요　　　　　　　　　　102

AR을 이용해 공룡들의 거대함을 스튜디오에 구현해 낸,
가족을 위한 신개념 공룡 정보 쇼!
백악기의 마지막 낙원이었던 한반도에 살았던 공룡들을 첨단 CG로
생생하게 재현하여 공룡 다큐멘터리의 지평을 열었다.
단순한 공룡 지식만이 아닌 특별한 주제들을 갖고 실제 공룡 화석들과
다양하게 재현된 모형들, 현존 동물들의 생태 영상과 과학적 실험 등을
접목하여 공룡에 대한 다양한 지식과 정보를 제공했다.

공룡에 관한 궁금증 01

# 공룡은 언제 나타났을까?

> 공룡의 시작을 알려면 멸종을 먼저 알아야 해. 중생대 주인공인 공룡도, 먼저 사라진 생물이 있었기 때문에 나타날 수 있었으니까!

### 공룡이 멸종에서 시작되었다고?

고생대* 말, 지금의 시베리아 지역에서 대규모 화산 폭발이 일어났어요. 뜨거운 용암이 끝도 없이 흘러내렸고, 용암과 함께 뿜어져 나온 가스는 하늘을 가득 채웠어요. 이 때문에 지구의 온도는 올라갔으며 레몬즙 같은 산성비가 내렸어요. 바닷속도 엉망진창이 되었고, 지구는 통제 불능의 상태가 되었답니다. 이것이 바로 지구에 있었던 다섯 번의 대멸종 가운데 가장 끔찍했다는 '페름기 대멸종'이에요. 얼마나 대단했던지, 당시 지구에 살던 생명체의 95%가 완전히 사라졌어요. 이후 지구는 한동안 주인 없이 텅 비어 있었답니다.

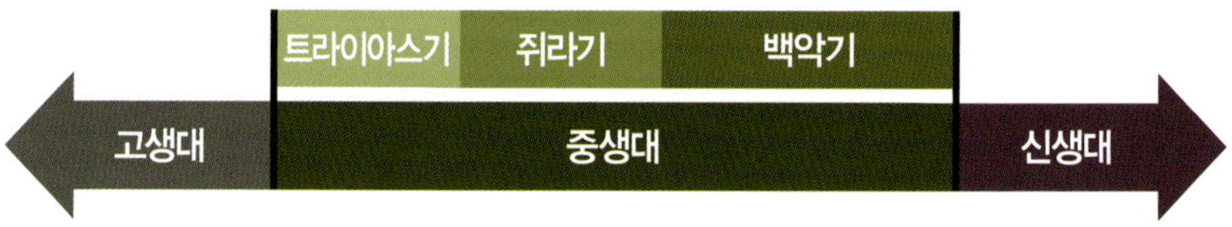

📝 **한 걸음 더!**

**\*고생대**
공룡이 살았던 중생대 이전 시대.
지금으로부터 5억 8000만 년 전부터 2억 2500만 년 전까지

고생대 ← | 트라이아스기 | 쥐라기 | 백악기 | → 신생대
                      중생대

## 최초의 공룡, 플라테오사우루스

황폐해진 땅. 어디선가 씨앗 하나가 날아오고 그 씨앗은 식물들을, 식물들은 숲을 만들었어요. 생태계는 살아남은 동물에게 또다시 살길을 열어 주었지요.

이렇게 중생대 트라이아스기의 문이 열렸어요.

이 시기에 살았던 코뿔소 크기의 초식 파충류, 디키노돈트는 거의 꼼짝도 하지 않고 우거진 풀과 나무 사이에서 살았어요. 아주 평화롭고 여유로워 보이지요.

하지만 디키노돈트는 풀을 뜯어 먹으며 살았을 뿐인데도 숨을 헐떡거리며 살았다고 해요. 왜 그랬을까요?

대멸종이 끝나고 새롭게 시작된 중생대 트라이아스기에는 산소가 부족했기 때문이에요. 이 시기에 살아남은 동물들이 숨을 좀 더 쉽게 쉬는 방법은, 넓적다리를 수직으로 세우고 다리를 몸 아래 두는 것이었어요. 그러면 몸이 땅에서 높이 들어 올려지지요. 네 발 자세보다 두 발로 다니면 빠른 속도로 달리면서도 숨을 편하게 쉴 수 있고요. 가슴이 눌리지 않아 숨쉬기도 편했을 거예요.

이것이 바로 중생대 트라이아스기 최초의 공룡, 플라테오사우루스의 모습이에요.

공룡은 중생대 육상에 살았던 파충류 가운데, 곧은 다리로 걷고, 산소가 부족한 환경에 잘 적응한 동물이에요. 그렇게 열린 공룡의 시대는 트라이아스기 중기부터 백악기 말기까지 무려 1억 6500만 년 동안 이어져요. 정말 대단하지요?

▲디키노돈트 상상도

## 공룡에 관한 궁금증 02
# '룡'이 붙으면 다 공룡일까?

3초 안에 공룡을 찾아보세요.

**에오랍토르** 트라이아스기를 대표하는 공룡이야.

**프테라노돈** 백악기 후기, 하늘을 자유로이 날았던 익룡이야.

**디메트로돈** 난 고생대 페름기에 살았던 파충류야.

**매머드** 중생대 이후 신생대에 살았던 코끼리를 닮은 포유류야.

**이크티오사우루스** 쥐라기 전기에서 백악기 전기까지 살았던 돌고래를 닮은 어룡이지.

**리오플레우로돈** 쥐라기 후기에 살았던 수장룡이야.

## 공룡으로 불리기 위한 까다로운 조건

왼쪽 그림에서 공룡은 몇 마리 있을까요? 실제로 공룡으로 분류되는 동물은 단 한 마리, 에오랍토르뿐이에요. 다른 동물들은 이름도 생김새도 공룡 같아 보이는데 왜 공룡이 아닐까요? 공룡으로 불리기 위해서는 다음 세 가지 조건을 만족해야 하기 때문이에요.

▲사이카니아

### 첫 번째, 중생대에 살았어야 해요.

중생대는 트라이아스기, 쥐라기, 백악기로 구성되어 있어요.
트라이아스기에 공룡이 처음 나타났고,
쥐라기에 접어들며 **본격적인 공룡시대**가 열렸고,
백악기에 전성기를 맞이했지요.

*우리는 여기, 중생대에 살았다고!*

| 고생대 | 트라이아스기 | 쥐라기 | 백악기 | 신생대 |
|---|---|---|---|---|
| 5억 8000만 년 전~ 2억 2500만 년 전 | 2억 3000만 년 전~ 1억 8000만 년 전 | 1억 8000만 년 전~ 1억 3500만 년 전 | 1억 3500만 년 전~ 6500만 년 전 | 6500만 년 전~현재 |
|  | 중생대 2억 2500만 년 전~6500만 년 전 | | | |

### 두 번째, 다리가 몸통 아래로 뻗어 있어야 해요.

공룡은 다리의 위치와 걷는 방법이 도마뱀이나 악어 같은 다른 파충류와는 달라요. 도마뱀은 다리가 몸 옆에서 'ㄱ'자로 뻗어 있어요. 이 자세로는 몸을 지탱하기 힘들어 배가 땅에 자주 닿고, 이동할 때도 숨쉬기가 어렵지요. 악어는 도마뱀보다 조금 더 똑바로 선 자세예요. 걸을 때 몸의 출렁임이 적고 숨쉬기도 쉬워 도마뱀보다 빨리 움직일 수 있어요. 반면 **공룡은 다리가 사람처럼 몸통 아래로 곧게 붙어 있어요.** 이런 자세 덕분에 큰 몸집을 가지고도 빠르게 달리면서 숨쉬기가 편했을 거랍니다.

도마뱀 자세     악어 자세     공룡 자세

### 세 번째, 육상에서 걸어 다녀야 해요.

하늘을 날았던 익룡이나 물에서 생활했던 어룡과 수장룡 같은 해양 파충류는 공룡으로 분류되지 않아요. 공룡은 땅을 걸어 다니며 생활했던 동물이랍니다.

*우리 공룡은 땅에서 걸어다니는 걸 좋아하지!*

▲타르보사우루스

*세 가지만 기억한다면 공룡인지 아닌지 헷갈릴 일은 없겠지요?*

공룡에 관한 궁금증 03

# 아시아 최강의 공룡은 누구?

**그건 바로 나, 타르보사우루스!**

약 7000만 년 전 백악기 후기, 아시아에 살았던 타르보사우루스.
'놀라운 도마뱀'이라는 뜻으로 '아시아의 티라노사우루스'라는 별명을 가지고 있어요.
실제로 타르보사우루스는 얼마나 무시무시했을까요?
같은 시기 아시아에 살았던 육식공룡 중에서 몸집이 가장 컸어요.
골반까지의 높이가 약 4m, 몸길이는 최대 12m에 달했지요.
몸무게는 4~5t 정도로 지금의 아시아코끼리와 비슷하지만,
훨씬 더 활동적이었을 거예요.
크기와 무게 외에도 타르보사우루스가 강했던 이유는 따로 있어요. 바로 '무는 힘'이에요.
타르보사우루스 머리뼈의 길이는 1.3m 정도로 웬만한 초등학생의 키와 비슷해요.
턱이 크다 보니 이빨도 크지요. 잇몸 겉으로 드러난 이빨 길이만 해도 약 8.5cm인데,
이러한 이빨이 최대 64개나 나 있었어요.
그런데 머리뼈만 보고 무는 힘이 세다는 건 어떻게 알 수 있었을까요?

타르보사우루스의 머리뼈 © Jordi Payà

크앙! 아시아에서 제일 잘나가는 타르보사우루스다!

지당하신 말씀~

무는 힘을 결정하는 건 얼굴의 근육량이에요.
타르보사우루스의 두개골을 살펴보면 눈부터 뒤통수까지가 매우 넓어요.
아마 이곳부터 아래턱까지 이어지는 강한 근육들이 아래턱을 잡아당겼을 거예요.
과학자들은 타르보사우루스의 무는 힘이 약 4t에 달했을 것으로 추정하고 있어요.
타르보사우루스가 팔을 물면 코끼리가 팔을 밟고 지나가는 것과 같고,
짐을 가득 실은 트럭이 팔 위로 지나가는 것과 같은 고통이라고 해요. 상상만 해도 끔찍하지요?
현재 볼 수 있는 동물 중 무는 힘이 가장 강한 동물은 악어예요.
하지만 이 악어조차도 무는 힘이 타르보사우루스의 반밖에 되지 않는답니다.
동물의 왕 사자보다도 13배나 강하지요.

끄응… 지금이니까 내가 정글의 왕인 거지.

### 궁금해? 궁금하면 뼈다귀 하나!

## 타르보사우루스와 티라노사우루스, 누가 더 강할까?

몸무게, 무는 힘, 이빨 길이에서 앞선 티라노사우루스일까요?
아니면 가벼운 만큼 움직임이 더 날렵했을 타르보사우루스였을까요?

난 가장 힘이 센 타르보사우루스!

무슨 소리! 티라노사우루스인 내가 더 강하지.

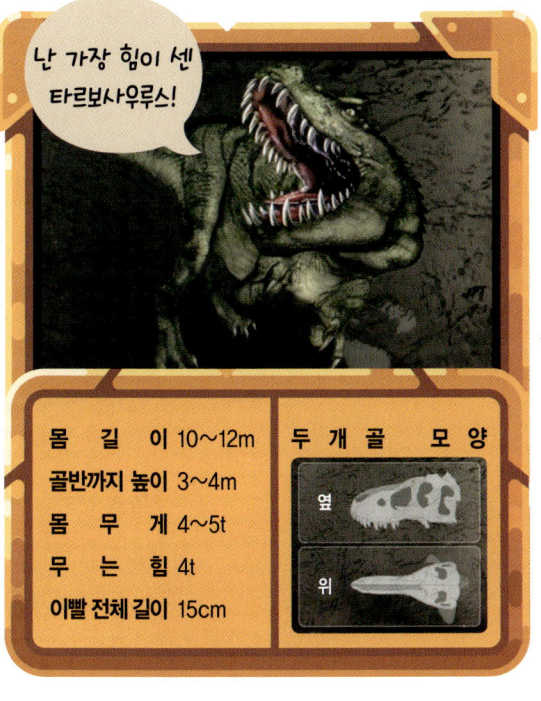

| 몸 길 이 | 10~12m |
| 골반까지 높이 | 3~4m |
| 몸 무 게 | 4~5t |
| 무 는 힘 | 4t |
| 이빨 전체 길이 | 15cm |

두 개 골 모 양 (옆/위)

| 몸 길 이 | 12~13m |
| 골반까지 높이 | 3~4m |
| 몸 무 게 | 5~9t |
| 무 는 힘 | 5t |
| 이빨 전체 길이 | 30cm |

두 개 골 모 양 (옆/위)

타르보사우루스와 티라노사우루스는 사는 지역도, 살았던 시기도 달랐어요.
그래서 서로 마주칠 일은 없었어요. 하지만 상상은 자유! 만약 둘이 대결을 한다면 누가 이길까요?

자기 입으로~

잘난 척도 세계 최고!

공룡에 관한 궁금증 04

# 육식공룡의 이빨은 얼마나 셀까?

데이노니쿠스의 이빨 ⓒ Rob Hurson

### 한번 물면 놓지 않아

무서운 이빨을 드러낸 이 머리뼈는 백악기 전기에 살았던 육식공룡, 데이노니쿠스의 것이에요. 데이노니쿠스는 몸길이 약 3m, 몸무게 50~70kg으로 그리 크지 않기 때문에 자신보다 큰 초식공룡을 사냥하려면 강력한 무기가 필요했겠죠. 그중 하나가 바로 이빨이에요. 머리뼈에 나타난 데이노니쿠스의 이빨을 잘 살펴보면 모두 안쪽으로 휘어 있어요. 고기가 한번 걸리면 절대 빠져나올 수 없는 낚싯바늘과 같았지요. 데이노니쿠스에게는 이런 이빨이 무려 60개나 있었어요. 일반적으로 32개의 치아를 가지고 있는 사람과 비교해 보면 2배나 많은 수지요. 무는 힘도 아주 세서 사자 두 마리가 동시에 무는 힘과 같았다고 해요.

### 날카로운 톱니 이빨

이번에는 몸길이 약 12m, 몸무게 약 2.5t, 쥐라기를 대표하는 육식공룡 알로사우루스를 만나 볼까요? 알로사우루스의 이빨을 확대해 보면 날카로운 톱니가 있어요. 마치 스테이크용 칼과 같지요. 알로사우루스는 이 톱니 이빨로 먹잇감을 싹둑 잘라 먹었을 거예요.

▲알로사우루스

### 엄청난 크기의 이빨

전체 길이가 총 30cm, 밖으로 드러난 부분만
12cm에 달하는 티라노사우루스의 이빨을 보세요.
어느 육식공룡의 이빨보다도 크고 강력해요.
타르보사우루스 이빨도 한번 볼까요?
전체 길이가 약 15cm이고 밖으로 드러난 길이만 대략 8.5cm래요.
더 무시무시한 사실은 이런 이빨이 끊임없이 계속 나왔다는 거예요.
사람은 아기 때 난 젖니가 빠지면 영구치가 나오고, 영구치가 빠지면
더는 이가 나오지 않아요. 하지만 육식공룡은 평생 이빨이 새로 나왔대요.
상어처럼 말이에요. 이런 날카로운 이빨을 평생 쓸 수 있었으니,
죽을 때까지 절대 방심할 수 없는 포식자였을 거랍니다.

타르보사우루스 이빨

티라노사우루스 이빨

▲ 평생 수만 개의 이빨을 사용하는 상어.
바깥 이빨이 빠지면 안에서 새 이빨이 계속 밀려 나온다.

갑자기 바다가 무서워지는 느낌!

🦴 궁금해? 궁금하면 뼈다귀 하나!

### 뼈까지 통째로 씹어 먹었다고?

타르보사우루스와 티라노사우루스는 크고 날카로운 이빨로
먹잇감의 뼈까지 부서뜨렸을 거로 추정하고 있어요.
어떻게 알았느냐고요?
에드몬토사우루스 꼬리뼈의 조각이
티라노사우루스의 똥 화석에서 발견되었거든요.
배 속에서 소화되지 못한 뼈가 똥으로 나온 것이지요.
요즘 사는 동물 중에도 먹잇감의 뼈까지 씹어 먹는 동물이 있어요.
그건 바로 하이에나. 시체 청소부로 알려져 있지만,
먹이의 90% 이상을 사냥으로 구해요.
실제로 사자보다 더 활동적으로 사냥하는 포식자지요.
하이에나는 강한 턱 힘으로 먹잇감을 단숨에 씹어 먹으며,
돼지 목뼈를 해치우는 데 걸리는 시간은 단 40초라고 전해진답니다.

역시 고기는 뼈 맛이지.

## 공룡에 관한 궁금증 05

# 육식공룡은 시력이 좋았을까?

눈 중에 최고는 바로 매의 눈 아니겠어?

### 훌륭한 사냥꾼의 조건, 매의 눈!

매, 수리 등 맹금류의 시력은 아주 좋아요.
8km 밖의 먹잇감도 포착해서 사냥할 수 있지요.
공룡은 어땠을까요? 아마도 육식공룡은 시력이 꽤 좋았을 거예요.
초식공룡은 포식자를 피해 도망만 잘 치면 살 수 있지만
육식공룡은 먹잇감의 위치와 거리를 정확히 재야 사냥에 성공하고,
그래야 굶어 죽지 않을 테니까요. 육식공룡의 시력이 좋았을 거로 추정하는
몇 가지 이유를 더 알아볼까요?

### 첫째, 뇌에서 시신경이 차지하는 부분이 커요.

육식공룡 티라노사우루스와 초식공룡 스테고사우루스의 뇌 구조를 비교해 볼까요?
눈으로 들어온 정보는 시신경을 통해 시각중추로 전달되어요.
티라노사우루스의 시신경과 시각중추가 차지하는 부분이 훨씬 크지요?
스테고사우루스보다 상대적으로 시력에 의존한 공룡이라는 것을 알 수 있지요.

티라노사우루스

스테고사우루스

### 둘째, 몸에서 차지하는 눈의 비중이 커요.

눈은 빛을 받아들여 사물을 봐요. 눈이 클수록 받아들이는 빛이 증가하기 때문에
상대적으로 더 좋은 시력을 가질 수 있어요.
사람 안구의 지름은 약 2.5cm, 타르보사우루스는 약 12cm,
그리고 지구상 가장 큰 척추동물인 대왕고래는 약 15cm예요.
대왕고래의 안구가 제일 크지만, 크기보다도
몸에서 안구가 차지하는 비중을 따져 봐야 해요.
대왕고래는 몸집에 비해 작은 눈을 가지고 있어요.
오히려 타르보사우루스가 몸집에 비해 눈이 아주 크지요.
몸에 비례한 눈의 크기로 추정해 보면 인간보다
시력이 무려 13배 좋았을 거로 추정한답니다.

### 셋째, 눈이 앞을 향해 있어요.

사자와 얼룩말의 눈을 잘 살펴봐요. 차이점을 찾을 수 있나요?
눈이 앞을 향하고 있는 사자는 시야가 겹치는 부분이 넓어서,
목표물을 입체적으로 뚜렷하게 볼 수 있어요.
눈이 옆으로 향해 있어 시야가 넓은 얼룩말은 어떨까요?
사방을 살피기에는 유리하지만, 시야가 겹치는 부분이 좁아
사물을 입체적으로 볼 수 없지요.

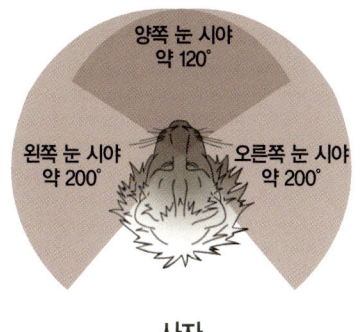
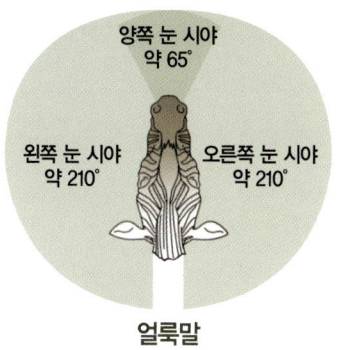

사자  얼룩말

티라노사우루스의 머리뼈
ⓒ Scott Rober Ausdmo

# 내 눈이 앞으로 향한 이유, 알겠지!

아이고, 무서워!
빨리 도망가야
겠다!

▲친타오사우루스

으악, 퉤퉤!
미세먼지도 다
보여.

▲스테노니코사우루스

🦴 궁금해? 궁금하면 뼈다귀 하나!

### 시력이 가장 좋았던 공룡은 누구?

후기 백악기 살았던 공룡, 스테노니코사우루스.
'좁은 발톱의 도마뱀'이라는 뜻으로,
몸길이 2m 몸무게 50kg의 크지 않은 공룡이에요.
하지만, 머리뼈에 비해 눈구멍이 아주 커서 공룡 중에서
시력이 가장 좋았을 것으로 추측하지요.

# 공룡과 놀자

## 숨은 공룡 찾기

쿠르르릉! 화산이 폭발하자 공룡이 모두 숨어 버렸어요.
여기저기에 숨은 공룡을 모두 찾아 ○하세요.

정답 : 94쪽 확인

## 그림자를 찾아라!

날카로운 이빨, 단단한 턱, 강력한 꼬리, 앞을 향한 두 눈!
티라노사우루스의 그림자는 어떤 모습일까요? 알맞은 그림자는 단 하나뿐이에요.
찾아서 □ 안에 번호를 써 보세요.

정답 : 94쪽 확인

## 공룡에 관한 궁금증 06
# 발톱으로 콕! 찍으면 최소 사망?

### 육식공룡의 날 선 사냥 무기, 발톱

왼쪽 화석에서 두 마리 공룡이 뒤엉켜 싸우고 있는 모습이 보이나요? 1971년 몽골의 고비사막에서 발견된 아주 유명한 화석이에요.

초식공룡 프로토케라톱스와 육식공룡 벨로키랍토르가 싸우다가 주변에 있던 모래언덕이 무너지며 함께 파묻힌 것으로 추정하지요.

벨로키랍토르가 프로토케라톱스를 사냥하려고 공격한 것이겠죠?

자세히 살펴보면, 벨로키랍토르의 날카로운 발톱이 프로토케라톱스의 배에 박혀 있어요. 옴짝달싹할 수 없게 된 프로토케라톱스는 부리로 벨로키랍토르의 발톱을 물고 있고요.

정말 실감 나는 화석이지요?

날카로운 발톱은 이빨에 이어 육식공룡들의 또 다른 공격 무기예요.
작지만 아주 민첩했던 육식공룡 벨로키랍토르는
갈고리발톱을 가진 것으로 유명해요.
몸이 깃털로 덮인 벨로키랍토르는 지금의 독수리와 생김새도 크기도 비슷했어요.
사냥법도 마찬가지였을 거예요. 독수리와 같은 맹금류는 발톱으로 사냥감을
꼼짝 못 하게 한 다음, 날카롭게 휜 이빨로 고기를 뜯어 먹어요.
벨로키랍토르도 튼튼한 꼬리와 뒷다리를 이용해 높이 뛰어오른 다음,
뒷다리에 있는 날카로운 발톱으로 찍어 내려 사냥감을 제압했을 거예요.
다만 몸집이 작았기 때문에 주로 무리를 지어 집단 사냥을 했답니다.

## 궁금해? 궁금하면 뼈다귀 하나!

### '발톱'이라는 이름을 가진 공룡은 누구?

이름 뜻이 '발톱'인 공룡도 있어요.
앞에서 휜 이빨을 자랑했던 데이노니쿠스지요.
데이노니쿠스라는 이름은 '무서운 발톱'이라는 뜻이에요.
두 발로 걸었던 이 공룡의 뒷다리에는 네 개의 발가락이 있었는데,
특히 두 번째 발가락에는 약 13cm 길이의 긴 발톱이 나 있었어요.
이 긴 발톱으로 먹잇감을 단숨에 찔러 죽였을 것으로 추정하지요.

후후, 내가 봐도 멋진 발톱이란 말이지~

▲데이노니쿠스

데이노니쿠스 앞발뼈 ⓒ James St. John

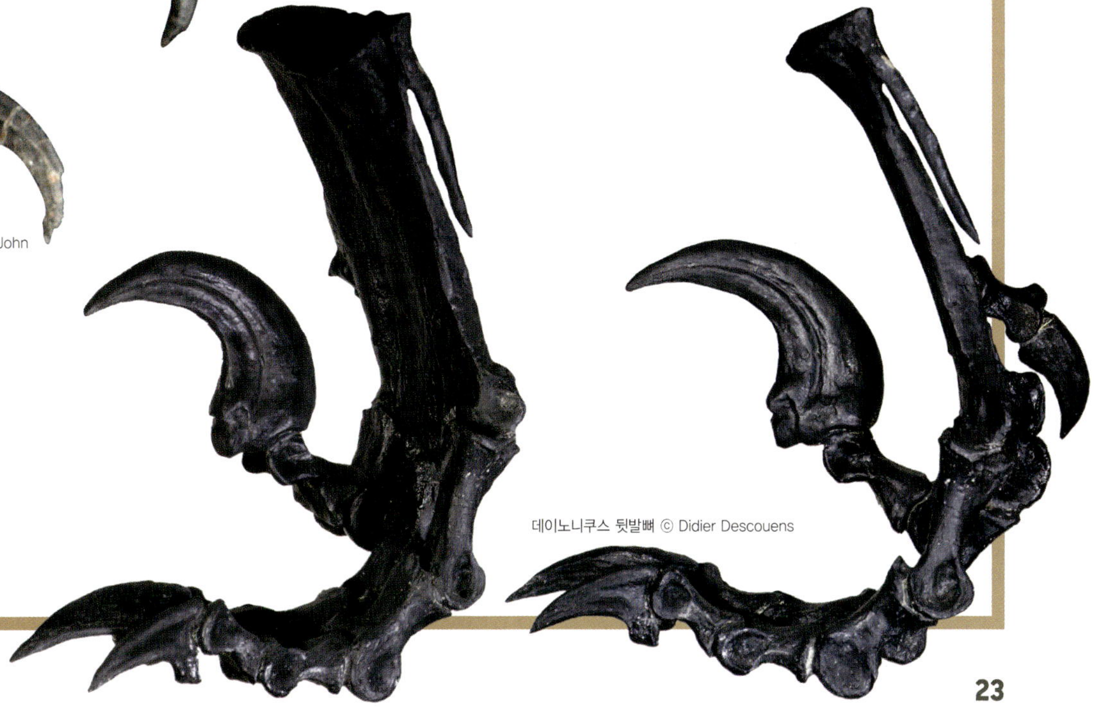

정말 날카로운 발톱이다~

데이노니쿠스 뒷발뼈 ⓒ Didier Descouens

공룡에 관한 궁금증 07

# 40초 뒤에 아프겠습니다!

**공룡 꼬리를 밟아도 겁먹을 거 하나 없다!**

누군가 자신의 발을 밟았는데 40초 뒤에나 알게 된다면?
정말 기가 막히고 코가 막힐 일이겠지요.
하지만 몸길이 20m의 목 긴 공룡은 실제로 이랬을 거래요.
어마어마하게 키 큰 공룡들의 꼬리를 꾹 밟아도 재빨리 도망치기만 하면
들키지 않을 수 있다는 말이지요.
공룡이 자기 꼬리가 밟힌 걸 알아차리는 데 한참이 걸리기 때문이에요.
이게 도대체 어떻게 된 일일까요?

으악, 누가 내 꼬리 밟았어?

## 아주 늦게 전달되는 감각이라니?

우리가 느끼는 감각은 우리 몸에 있는 신경세포를 거쳐 뇌에 전달돼요.

시각, 미각, 후각, 촉각, 통각 중 가장 늦게 전달되는 감각은 바로 '아픔'을 느끼는 통각이에요.

목 긴 공룡의 경우 몸이 길어 감각이 아주 늦게 전달되었을 거라 여겨져요.

과학자들은 목 긴 공룡의 신경세포의 전달 속도를 초속 0.5m로 추정했어요.

몸길이가 20m인 브라키오사우루스는 꼬리의 아픈 감각이 신경세포를 지나 뇌에 도착하는 데 무려 40초가 걸린다는 거지요.

그렇다면 몸길이가 40m에 달하는 아르젠티노사우루스는 어땠을까요?

무려 80초가 걸렸다는 결론이 나와요.

늦어도 너무 늦게 알아차렸겠지요?

헉! 그럼 난 아픔을 80초 뒤에나 알았던 거야? 그런 거야?

아르젠티노사우루스 ⓒ Nobu Tamura

파하하! 역시 꼬리 밟기는 재미있어!

크큭! 이번에도 안 들켰지롱~!

### 공룡에 관한 궁금증 08

# 커도 너무 커! 가장 큰 공룡은?

**지상 최대의 키다리 공룡!**

사람들은 왜 공룡에 열광하는 걸까요?
이제 그 모습을 직접 볼 수 없다는
아쉬움 때문일지도 몰라요.
하지만 무엇보다 사람들의 마음을 빼앗은 공룡의
가장 큰 매력은 무지막지하게 컸다는 사실 아닐까요?
그렇다면 그중 가장 키가 컸던 공룡은 누구일까요?
백악기 전기에 살았던 사우로포세이돈이랍니다.
높이가 최대 18m에 달했어요.
어른의 10배가 훨씬 넘는 아주 큰 키지요.
지금 살고 있다면 아마 6층 아파트의 거실도 내려다볼 수 있을 거예요.

사우로포세이돈은 '도마뱀 포세이돈'이라는 뜻이에요.
포세이돈은 그리스신화에 등장하는 바다의 신이자, 지진의 신이에요.
몸길이 약 34m, 몸무게 50~60t에 달하는 거대한 몸집 때문에
걸을 때마다 땅이 지진이 나는 것처럼 흔들렸을 거로 생각해서
붙인 이름이랍니다.
하지만 이름과 달리 사우로포세이돈은 아주 우아하고
조용하게 걸었을 것으로 추정해요. 왜 그럴까요?
경상남도 함안군에서 발견된 목 긴 공룡의 발바닥 화석에서
그 증거를 찾을 수 있어요.
이 화석에는 공룡의 피부 자국이 그대로 남아 있는데,
지금의 코끼리 발바닥과 아주 많이 닮아 있어요.
코끼리는 커다란 덩치에 비해 걸을 때 소리가 거의
나지 않아요. 발가락은 작고 평편한 발바닥에는
두툼한 패드가 있거든요. 아마 사우로포세이돈
같은 목 긴 공룡들도 이런 발바닥 덕분에 요란한 소리를
내지 않고 걸을 수 있었을 거예요.

*사뿐사뿐~ 발걸음도 가볍게!*

공룡 발바닥 화석

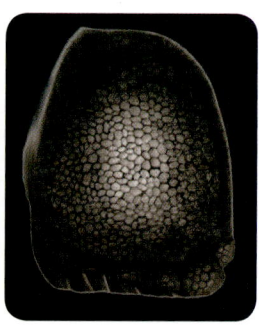
화석을 바탕으로 재현한 공룡 발바닥

## 육식공룡 중에 가장 긴 공룡은 누구?

바로 백악기 중기에 살았던 스피노사우루스예요.
스피노사우루스는 몸길이가 15m, 몸무게 8t에 달했어요.
아시아 일대를 휘어잡았던 타르보사우루스보다 3m 더 길고,
무게는 3t이나 더 무거웠지요.
주로 늪지대에 살면서 물고기를 잡아먹었어요.
스피노사우루스는 친척뻘 되는 공룡들의 골격이 발견되면서
앞다리가 길어지고 뒷다리가 짧아지는 등 복원도가 많이 바뀌었어요.
이전에 알고 있던 모습과는 많이 달라졌지요.
아직도 과학자들 사이에서
두 다리로 걸었는지 네 다리로 걸었는지
논란이 많은 공룡이랍니다.

> 난 과거의 스피노사우루스 복원도야!

> 난 현재의 스피노사우루스 복원도야!

> 스피노사우루스의 현재와 과거의 모습이야!

🦴 궁금해? 궁금하면 뼈다귀 하나!

## 몸이 크다고 제일 무거운 건 아니야!

그렇다면 가장 무거운 공룡은 누구일까요?
가장 키가 컸던 사우로포세이돈인가요?
아니에요.
==공룡 중에서 가장 몸무게가 많이 나가는 공룡은
백악기 살았던 아르젠티노사우루스예요.==
앞에서 어마어마하게 먹고 싸는 공룡으로 소개했었죠?
아르젠티노사우루스의 몸무게는 최대 73t으로 대형 소방차 여섯 대와 맞먹는 무게예요.
이렇게 무거운 공룡이 무리 지어 다닌다고 상상해 보세요. 정말 무섭지 않나요?

## 공룡에 관한 궁금증 09
# 목 긴 공룡은 앞발을 들 수 있었을까?

### 육식공룡을 위협하는 거대한 몸뚱어리

위기에 처한 목 긴 공룡이 갑자기 거대한 몸을 일으켜
포식자들을 놀라게 하는 모습!
상상만 해도 정말 통쾌하고 멋지지 않나요?
그런데 목 긴 공룡이 앞발을 드는 것이 가능했을까요?
브라키오사우루스를 비롯한 목 긴 공룡은 대부분
무게중심이 앞으로 쏠려 있어요.
그래서 안타깝게도 앞발을 드는 일이 무척 어려웠을 거예요.
만약 상체를 들어 올렸다고 해도 다시 내려올 때
무릎의 충격이 너무나 커서 뼈가 견디지 못했을 거예요.
하지만 바로사우루스의 경우,
20t이라는 몸무게를 견딜 만큼 뒷다리 뼈가 튼튼했고,
앞다리 또한 내려올 때 충격을 견딜 수 있었을 것으로
과학자들은 추측하고 있어요. 하지만 추측은 추측일 뿐!
바로사우루스가 앞발을 들었는지는 아무도 모르는 일이랍니다.

어딜 감히 밤톨만 한 공룡 주제에!

일어서니까 더 크잖아! 난 이쪽으로 도망가야겠다!

아이고, 내 무릎!

우지직!

자칫하다가는 밟혀 죽겠어!

으윽, 일단 후퇴!

🦴 궁금해? 궁금하면 뼈다귀 하나!

### 목 긴 공룡은 왜 거대해졌을까?

몸길이가 가장 길고 몸무게가 가장 많이 나가는 아르젠티노사우루스!
키가 가장 큰 사우로포세이돈!
모두가 목 긴 공룡이랍니다.
이들이 이처럼 거대해진 이유는 무엇일까요?
트라이아스기 후기에 살았던 잡식공룡 판파기아 프로토스.
몸길이 1.5m의 작은 몸집에 긴 뒷다리를 지녔던 이 공룡이
목 긴 공룡의 조상이라는데…….
이것이 사실일까요?

나는 사람보다도 작았어.

▲판파기아 프로토스

중생대 트라이아스기가 끝날 무렵, 지구에서는 엄청난 환경 변화가 일어났어요.
대륙 판게아*가 갈라지기 시작하며 화산활동이 급격히 많아진 것이지요.
이에 따라 대기 중에 이산화탄소가 많아지고 산소는 줄어들었어요.
산소가 필요한 동물들은 숨쉬기 힘들어졌지만,
반면 이산화탄소로 영양분을 만드는 식물들은 엄청나게 커졌어요.
이 때문에 섬유소만 많아지고 같은 양에 비해 영양분이 떨어졌지요.
초식공룡은 예전과 같은 영양분을 얻으려면 많이 먹어야 했어요.
그러다 보니 소화기관이 길어지고 배가 커졌어요.
몸이 무거워지자 몸의 균형을 잘 잡기 위해
점차 네 발로 걷게 되었고,
키가 큰 나무의 잎을 먹으려고 목이 길어졌지요.
판파기아 프로토스의 후손들은 이렇게 서서히 변해서
쥐라기 후기에는 우리가 아는 목 긴 공룡들의 모습을
갖추게 되었대요.

✅ 한 걸음 더!

**판게아**

독일의 기상학자 베게너가 주장한 가상의 대륙. 2억 년 전 지구는 하나의 큰 대륙(판게아)만 있었지만, 시간이 지나면서 점차 분리되며 오늘날과 같은 모습이 되었다고 한다.

대기 중 산소 농도 10~15%로 하락 (현재는 21%)

아이고, 숨 막혀!

공룡에 관한 궁금증 10

# 몸이 거대하면 좋을까, 나쁠까?

### 몸이 커서 좋은 점
우리 사람도 덩치 큰 사람은 함부로 건드리지 못하죠. 공룡도 마찬가지! 아무리 사나운 육식공룡이라도 목 긴 공룡에게 쉽게 접근하기 힘들었을 거예요. 쥐라기에 가장 크고 강한 사냥꾼 알로사우루스는 브라키오사우루스의 어깨에도 못 미쳤답니다.

목 긴 공룡의 커다란 몸이 다른 초식공룡에게는 도움이 되었을 거예요. 요즘 동물인 얼룩말 같은 초식동물도 덩치가 큰 코끼리나 코뿔소 옆에 같이 몰려 있는 것을 종종 볼 수 있어요. 그 무리에 섞여 있으면 사자도 함부로 덤비지 못할 테니까요.
초식공룡 캄프토사우루스는 브라키오사우루스처럼 거대한 목 긴 공룡이나 스테고사우루스처럼 방어를 잘하는 공룡 근처에서 생활했을 가능성이 커요.
목 긴 공룡의 큰 덩치는 자기 자신뿐 아니라 다른 공룡들에게도 도움이 되는 장점이었답니다.

## 몸이 커서 불편한 점

커다란 몸집은 육식공룡이 함부로 덤비지 못하는 장점이 될지는
몰라도 새끼를 보호하는 데는 큰 도움이 되지 못했을 거예요.
앞발조차 들기 힘든 육중한 몸뚱어리로 작고 연약한 새끼를 공격하는
재빠른 육식공룡들을 일일이 쫓아내기 힘들었을 테니까요.
그래서 목 긴 공룡이 택한 전략은 바로 알 많이 낳기!
목 긴 공룡은 대부분 알을 수십 개씩 낳았던 것으로 추정한답니다.

저리 가! 내 한 발거리밖에 안되면서…

### 🦴 궁금해? 궁금하면 뼈다귀 하나!

### 목 긴 공룡은 고혈압일까?

목 긴 공룡은 목이 너무 길어서 심장과 머리의 거리가 멀어요.
그래서 머리까지 피를 보내려면 심장박동이 엄청나게 세야 하지요.
그럼 혈압이 굉장히 높았을 거예요. 그런 목 긴 공룡이 물을 마시기 위해
갑자기 고개를 숙인다면? 아마 혈압을 견디다 못해 뇌가 터져 버릴지도 몰라요.
하지만 과학자들은 목 긴 공룡의 뇌의 혈관 구조가 오늘날 목 긴 동물의
혈관 구조와 비슷했으리라 생각해요. 마치 기린처럼요.
기린은 피가 머리로 가기 전에 턱 밑에서 핏줄이 분산돼요.
이러한 뇌혈관 구조 때문에 고개를 숙여도 머리의 혈압이 높아지지 않아요.
목 긴 공룡도 아마 기린과 비슷한 혈관 구조를 지녔을 거로 추측한답니다.

그러니까 이제 내가 고개를 숙여도 너무 걱정하지 말라고!

▲바로사우루스

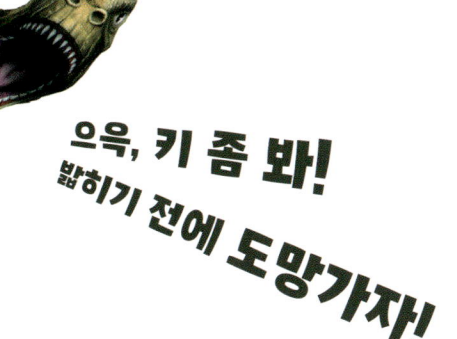

으윽, 키 좀 봐! 밟히기 전에 도망가자!

▲알로사우루스

## 꼬리를 밟은 범인은?

아앗, 누군가 브라키오사우루스 꼬리를 밟고 도망갔어요.
범인은 누구고, 또 어디로 도망간 걸까요?
꼬리에 난 발자국과 똑같은 모양의 발자국을 따라가면
범인을 잡을 수 있어요. 찾아서 ○하세요.

정답 : 94쪽 확인

# 목 긴 공룡의 진짜 몸은?

생김새가 비슷해 구분하기 어려운 목 긴 공룡들! 몸이 뒤죽박죽 섞여 버렸어요. 그림을 잘 보고 맞는 꼬리를 찾아 ☐ 안에 번호를 써 보세요.

## 공룡에 관한 궁금증 11

# 타조 vs 치타 vs 공룡, 달리기 승자는?

그 어디에서도 볼 수 없었던 세기의 달리기 대결이 곧 펼쳐집니다. 여러분은 누가 우승할 것으로 예상하십니까?

**치타**
- 키 : 약 75cm
- 몸무게 : 45~74kg
- 최고 기록 : 시속 110km
- 특기 : 단거리 달리기
- 특징 : 현재 포유류 중 가장 빠름

**타조**
- 키 : 약 2.4m
- 몸무게 : 약 150kg
- 최고 기록 : 시속 90km
- 특기 : 장거리 달리기
- 특징 : 땅에서 가장 빨리 달리는 새

**의문의 공룡 선수**
- 키 : 약 4m
- 몸무게 : 약 150kg
- 최고 기록 : ?
- 특기 : ?
- 특징 : 겉모습이 타조와 닮음

여기서 잠깐!
시속은 1시간 동안 이동한 거리를 나타내요.
그렇다면 치타는 1시간 동안 110km를, 타조는 90km를 갈 수 있다는 거예요.
그렇다면 둘 중에 더 빠른 건?

### 가장 빠른 공룡은 누구?

재빠르게 달리는 치타. 기다란 다리로 성큼성큼 뛰는 타조.
그리고 중생대에서 가장 빠른 공룡이 달리기 대결을 한다면 누가 이길까요?

100m를 14초에 뛴대도 시속 약 25km밖에 안되는데…. 대단하군.

34 · 점박이 공룡大백과

## 누가 누가 이길까?

많은 사람이 달리기 최강자를
벨로키랍토르로 알고 있어요.
하지만 정말로 발이 빠른 공룡은 따로 있답니다.
바로 백악기 후기에 살았던 '스트루티오미무스'지요.
이 공룡은 길고 튼튼한 두 다리로 걸었고,
기다란 목과 곧게 뻗은 꼬리를 가지고 있었어요.
'스트루티오미무스'라는 이름은
'타조를 닮았다'는 뜻이에요.
이름처럼 타조와 생김새가 무척 닮았지요.
하지만 달리기를 하는 모습은 타조와 달라요.
타조는 공룡처럼 긴 꼬리가 없고 무릎의 움직임만을 이용해
뛰는 반면, 공룡은 긴 꼬리, 꼬리와 뒷다리를 이어 주는
근육 때문에 골반, 허벅지, 무릎을 모두 움직이며 뛰어요.
많은 부위를 움직여야 하니 아마도 타조보다 느렸을 거라고 예상해요.
그렇다면 1등은 치타, 2등은 타조,
그리고 3등이 스트루티오미무스일까요?
그럴듯해 보이는 결론이지만 그 누구도 정확히 알 수 없지요.
세 마리가 같은 출발선에 서서 진짜로 달리기 시합을 해 보기 전에는 말이에요.

공룡에 관한 궁금증 12

# 머리가 가장 큰 공룡은?

"머리가 커야 진정한 공룡이지!"

"목 안 아파?"

▲토로사우루스

▲스테고사우루스

"다들 머리가 너무 큰데?"

"제대로 걸을 수는 있어?"

▲파키케팔로사우루스

▲아파토사우루스

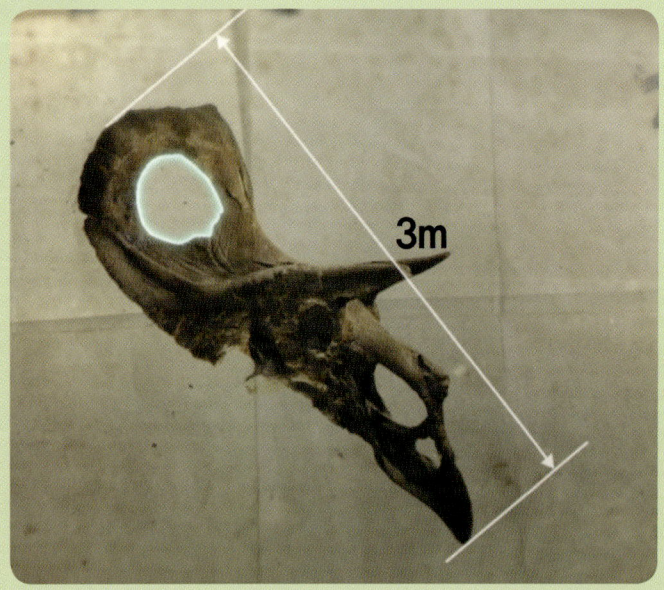

### 지상 최대의 머리 크기, 3m!

요즘은 얼굴이 작아야 미남, 미녀라고들 하는데
중생대에도 그랬을까요?
백악기 후기에 살았던 토로사우루스는 몸길이 7~8m,
몸무게 5~7t의 육중한 몸에 아주아주 큰 머리를 가지고 있었어요.
머리뼈 길이만 무려 3m! 머리뼈를 자세히 살펴보면
둥근 모양의 구멍이 한 쌍으로 뚫려 있어요.
이 때문에 '**구멍 뚫린 도마뱀**'이라는 뜻의 이름이 붙었지요.

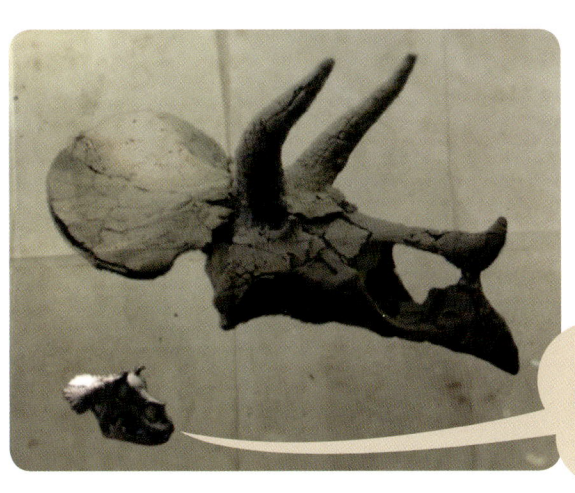

아빠 콧구멍에도 들어갈 수 있을 것 같아요.

▲토로사우루스

토로사우루스의 머리에는 세 개의 뿔이 나 있었고, 목덜미를 두른 넓은 프릴*이 있었어요.
이 프릴은 몸길이의 약 절반을 차지할 정도로 컸어요.
어디서 많이 본 공룡이라고요? 맞아요, 우리가 잘 알고 있는 트리케라톱스와 아주 많이 닮았어요.
토로사우루스는 트리케라톱스의 친척뻘 되는 공룡이거든요.
뿔공룡의 화석이 발견되는 경우, 새로운 종인지 아니면 기존에 발견된 공룡인지
구분하기 어려운 경우가 있다고 해요. 부모 공룡과 자식 공룡의 골격이 많이 다르기 때문이지요.
뿔공룡은 어린 시절과 성장기의 모습을 잘 살펴봐야 같은 핏줄임을 알 수 있답니다.

### 한 걸음 더!

*프릴

공룡에서는 뒤통수에 부채처럼 펼쳐진 얇은 뼈판. 원래는 여성이나 아이 옷에 주름을 잡아 물결 모양으로 만든 가장자리 장식을 말한다.

### 궁금해? 궁금하면 뼈다귀 하나!

## 무거운 머리 때문에 물에 빠져 죽었다고?

머리가 크면 적과 싸울 때 좋은 무기가 되었을지도
몰라요. 하지만 불편한 점은 없었을까요?
슬프게도 있었어요. 일명 뿔공룡 익사 사건이에요.
캐나다에서 뿔공룡 화석들이 집단으로 발견되었어요.
그 이유는 홍수 때문에 불어난 강물을 건너다가 머리가 너무 무거워 물속에서 균형을 잡지 못해서라고 해요.
머리 크기 때문에 걷는 것도 먹는 것도 힘들었을 텐데, 거기다 단체로 물에 빠지기까지…. 왠지 안쓰러운걸요?

뿔공룡 집단 익사 화석

뿔공룡 살려!

## 공룡에 관한 궁금증 13

# 공룡은 얼마나 똑똑했을까?

### 공룡의 뇌는 크기가 얼마만 했을까?

공룡에게도 사람처럼 지능이 있었을까요?

백악기 후기에 살았던 육식공룡, 키티파티.

몸길이 약 3m, 몸무게는 80~90kg으로 몸집에 비해 가장 작은 뇌를 가지고 있었어요.

그래서 안타깝게도 지능이 제일 낮은 공룡으로 이름을 올리게 되었죠.

인간의 뇌와 개의 뇌, 그리고 키티파티의 뇌 크기를 비교해 보면,

키티파티의 뇌가 작아도 너무 작다는 걸 알 수 있지요.

그렇다고 모든 공룡이 키티파티처럼 머리가 나쁘다고 생각하면 아주 섭섭할 공룡이 여기 한 마리 있답니다.

인간의 뇌     개의 뇌     키티파티의 뇌

▲스테노니코사우루스

"나 기억나지? 시력이 좋은 공룡으로 나왔었잖아"

## 똑똑한 공룡, 여기 있다고!

가장 머리가 좋은 공룡은 누구일까요?
가장 머리가 컸던 토로사우루스일까요?
무조건 머리가 크다고 똑똑한 것이 아니에요.
몸 크기에 비례한 뇌의 크기가 중요해요.
백악기 후기에 살았던 스테노니코사우루스는 2m 정도의
크기로 당시의 공룡들보다 몸집은 작았지만,
몸집에 비해 뇌의 크기가 가장 큰 공룡이었어요.
그래서 지능이 가장 높은 공룡으로 추정하지요.
캐나다의 한 고생물학자는 이런 말까지 했어요.
만약 스테노니코사우루스가 멸종되지 않았다면
인간과 비슷한 수준의 지적 생명체로 진화했을지도 모른다고요.
다소 충격적인 추측이지요?

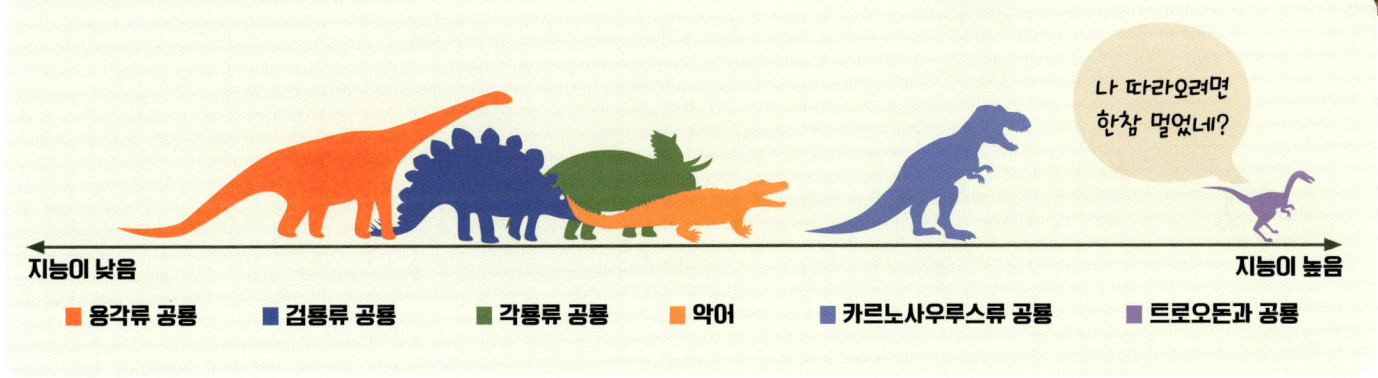

지능이 낮음 → 지능이 높음

- 용각류 공룡
- 검룡류 공룡
- 각룡류 공룡
- 악어
- 카르노사우루스류 공룡
- 트로오돈과 공룡

"나 따라오려면 한참 멀었네?"

으악~ 외계인이다!

으~ 아깝다! 내가 지구의 정복자가 될 수 있었는데~

## 공룡에 관한 궁금증 14
# 피부가 갑옷이라고?

### 전신 철갑을 두른 전사, 갑옷 공룡!

천산갑이나 아르마딜로는
아주 단단한 피부 껍질을 가지고 있어요.
머리부터 등, 꼬리까지 덮여 있는 단단한 비늘 덕분에
사나운 맹수를 만나도 몸을 동그랗게 말아 몸을 보호할 수 있지요.
초식공룡 중에서도 단단한 피부를 가진 공룡들이 있었답니다.
백악기 후기에 살았던 가장 큰 갑옷 공룡,
몸길이 6~10m에 몸무게 4~8t의 안킬로사우루스.
넓적한 몸집에 작은 키였지만, 아무도 흉내
낼 수 없는 멋진 몸을 가지고 있었어요.
온몸이 뾰족뾰족 가시처럼 솟은 뼈조각,
골편*으로 덮여 있어서 보기만 해도
아주 위협적이죠.

### ✅ 한 걸음 더!

**\*골편**

방어를 위해 동물의 몸을 덮고 있는 작은 뼛조각. 골편보다 크고 판판한 모양의 넓은 뼛조각은 골판이라고 한다.

▲안킬로사우루스

갑옷 공룡이라면 백악기 후기에 살았던 **몸길이 6~8m, 몸무게 2~3t의 사이카니아**도 빠질 수 없죠!
**등과 머리, 목은 물론, 머리를 보호하기 위해 콧등에서부터
정수리, 뺨, 눈꺼풀에도 골편이 덮여 있었어요.**
이들 갑옷 공룡은 다리가 짧아 빨리 걷거나
뛸 수 없었지만 단단한 뼈 갑옷 덕분에
아무리 긴 발톱과 커다란 이빨을 가진
육식공룡이라고 하더라도 함부로
덤빌 수 없었어요.

내 갑옷은
아무한테도 안 쥐!

▲사이카니아

## 궁금해? 궁금하면 뼈다귀 하나!

### 내 꼬리 곤봉에 한번 맞아 볼래?

안킬로사우루스와 사이카니아의 무기는 갑옷뿐만이 아니었어요.
이들은 꼬리 근육이 매우 발달했는데, 특히 **꼬리 끝에는 돌덩이같이 단단하고 커다란 곤봉**이 있었답니다.
갑옷 공룡은 육식공룡이 공격해 오면 땅에 엎드려 피하다가 공격이 계속되면
꼬리 곤봉을 휘둘러 물리쳤을 거예요.
실제로 이 꼬리 곤봉에 한 번 맞으면 뼈가 부서질 정도로 강력한 충격이었다고 해요.

안킬로사우루스의 꼬리 곤봉 뼈

공룡에 관한 궁금증 15

# 초식공룡이 순하다고?

## 초식공룡도 알고 보면 무섭다?

여러 영화나 만화에서 보는 초식공룡은 주로 순한 모습이에요. 항상 육식공룡에게 쫓기며 불안에 떨지요. 실제로도 그랬을까요? 정답은 아니요! 그들도 마냥 당하지만은 않았답니다. 지금의 초식동물을 봐도 쉽게 알 수 있어요.

포유류 중 가장 몸집이 큰 코끼리, 강력한 턱 힘으로 상대를 물어 버리는 하마, 단단한 뿔을 세우고 돌진하는 코뿔소…. 아무리 동물의 왕 사자라 할지라도 이들을 잘못 건드리면 크게 다치거나 심하면 목숨까지 잃을 수 있지요.

- 난 강력한 턱을 가지고 있지!
- 난 큰 몸으로 힘이 세지!
- 난 단단한 뿔을 가지고 있지!

알로사우루스의 두개골이야. 넓고 큰 입에는 날카로운 이빨이 가득 나 있었지!

## 알로사우루스가 당했다고? 누구한테?

쥐라기 시대에 가장 크고 강한 사냥꾼으로 인정받는 알로사우루스! 자기보다 몸집이 큰 초식공룡은 물론, 다른 육식공룡까지 먹이로 삼을 정도였어요. 톱니처럼 날카롭게 휜 이빨은 먹이를 잡아먹거나 다른 공룡과 싸울 때 아주 유용했지요.

그런데 이런 알로사우루스도 초식공룡을 잘못 건드렸다가 혼쭐난 적이 있다고 해요. 도대체 누가 어떻게 알로사우루스를 꼼짝 못 하게 만들었을까요?

뭐라고? 감히 누가 나에게 덤볐다는 거야?

스테고사우루스의
골판이야!
무서워 보여서
육식공룡도 함부로 덤비지
못 했을걸!

등에 달린 골판

꼬리 끝에 달린 골침

## 나 스테고사우루스가 그랬지~

초식공룡 중 몇몇은 자신의 위로 덮치는
육식공룡의 공격을 막기 위해
등에 골판*이나 골침*을 가지고 있어요.
스테고사우루스는 둘 다 가지고 있는 공룡이지요.
하지만 화석만 봐서는 이런 방어 무기들이 얼마나 큰 힘을 가지는지 알 수 없었죠.
그러던 어느 날, 이 스테고사우루스의 골침에 찔려 엉덩이와 등뼈에
구멍이 뻥 뚫린 알로사우루스의 뼈가 발견된 거예요.
이후 스테고사우루스의 골침은 육식공룡의 뼈도 뚫을 정도로
대단한 힘을 가지고 있다는 사실을 알게 되었답니다.

### 한 걸음 더!

*골판
크고 단단한 모양의 넓은 뼛조각

*골침
가시 모양의 뼈

나 기억 안 나?

# 공룡과 놀자

## 말풍선의 주인은 어디에?

각 분야의 공룡들이 모여서 자기 자랑을 하고 있어요.
그런데 뭔가 뒤바뀌어 있는걸요? 말풍선의 주인을 다시 찾아 ☐ 안에
㉠~㉣을 바르게 써 주세요.

㉠ 스트루티오미무스

① 나는 키가 가장 큰 공룡이야. 높이가 18m에 달했다니까?

㉡ 사우로포세이돈

② 나보다 큰 머리를 가진 공룡은 없었을걸? 머리뼈 길이만 약 3m라니까.

③ 우리 이제 공부 좀 할까? 나처럼 똑똑한 공룡이 되려면 말이야.

㉣ 스테노니코사우루스

④ 길고 튼튼한 다리로 쌩~. 나보다 빠른 공룡 있으면 나와 보라고 해!

㉢ 토로사우루스

정답 : 94쪽 확인

# 잃어버린 퍼즐 조각은 어디에?

최고로 두꺼운 피부를 자랑하는 안킬로사우루스와 사이카니아.
비어 있는 부분에 맞는 퍼즐 조각을 찾아 ☐ 안에 번호를 쓰세요.

정답 : 94쪽 확인

공룡에 관한 궁금증 16

# 초식공룡의 무기, 방어용일까 과시용일까?

### 단단하고 두꺼운 머리뼈의 용도는?

백악기 후기에 살았고 몸길이 4~5m, 몸무게 약 450kg,
'두꺼운 머리를 가진 도마뱀'이란 뜻을 가진 파키케팔로사우루스!
공룡계의 박치기왕이라고 잘 알려져 있어요. 이런 별명이 붙은 이유는
다른 공룡들보다 20배 이상 두꺼운 머리뼈 때문이에요.
마치 헬멧을 쓴 것처럼 불룩 솟아 있지요. 두께가 최대 25cm나 되는 화석도 있는데,
0.5cm 정도인 사람의 머리뼈에 비하면 무려 50배나 두꺼워요.
이 머리뼈는 수컷이 암컷보다 두꺼웠고 나이가 들수록 점점 두꺼워졌지요.
겉면에 오돌토돌한 돌기까지 나 있어서 아주 위협적으로 보이지만,
사실 파키케팔로사우루스는 초식공룡이에요. 주로 식물, 견과류, 과일을 먹었지요.
그럼 이 단단한 머리는 어디에 사용했을까요?
과학자들은 수컷들이 자신의 힘을 뽐내거나 암컷을 차지하기 위해 서로 박치기를 하며
힘을 겨루었을 것으로 추측해요. 몇몇 화석으로 남은 파키케팔로사우루스의 머리뼈에서
손상된 흔적이 발견되었거든요. 이처럼 초식공룡에게는, 무기처럼 보이지만 실은 뽐내기 용으로
사용된 신체 부위가 많답니다.

> 발톱 잘 다듬어 두었다가 내 운명의 상대가 나타나면 자랑해야지~ 룰루.

### 휙휙! 날카로운 발톱은 어때?

© Woudlo per.

백악기 후기에 살았으며 몸길이 11m, 몸무게 6t, 그리고 '낫 도마뱀'이라는 뜻을 가진 공룡은 누구일까요?
그건 바로 테리지노사우루스!
앞발의 낫처럼 생긴 세 개의 긴 발톱으로 초식공룡들을 사냥하지 않았을까요?
땡! 사실 테리지노사우루스는 식물과 작은 동물을 먹는 잡식공룡이에요.
이 기다란 발톱은 공격용 무기가 아니었어요. 너무 얇고 약해서 공격하기에는 적당하지 않았거든요.
다른 육식공룡이 공격해 오면 방어용으로 사용했을 수도 있지만,
대부분 높은 곳에 있는 나뭇가지를 잡아당겨 잎사귀를 먹거나 암컷에게 자신을 뽐내기 위해 사용했을 거예요.

### 뾰족한 뿔과 단단한 프릴!

백악기 후기에 살았던 몸길이 8~9m, 몸무게 6~12t의 트리케라톱스.
커다란 프릴과 그 주위로는 뾰족한 돌기가 가득했어요.
또 이마에서 뻗어 나온 긴 뿔은 최대 1.3m까지 자랐으며 매우 단단했지요.
이 당당해 보이는 프릴과 뿔의 용도는 무엇이었을까요?
테리지노사우루스와 마찬가지로 수컷끼리의 영역 다툼이나 암컷을 차지하기 위한 싸움을 할 때 주로 사용했을 거라고 해요.
물론 위험에 빠졌을 때는 자신을 보호하는 데 사용하기도 했어요.
트리케라톱스는 티라노사우루스와 같은 시대에 살았던 초식공룡이에요.
그러니 아마도 티라노사우루스의 먹잇감 중 하나였을 거예요.
트리케라톱스의 뼈에서 티라노사우루스의 이빨 자국이 발견되기도 했거든요.
위험에 빠진 트리케라톱스는 티라노사우루스의 공격을 막기 위해 긴 뿔로 자신을 보호했을 거예요.
순하기만 할 거라 생각했던 초식공룡도 육식공룡 못지않은 무시무시한 무기를 가지고 있지요?
하지만 그 용도는 육식공룡과 달리 훨씬 다양했답니다.

> 내 영역에 허락 없이 들어오면 뿔로 엉덩이를 찔러 줄 거야!

▲ 트리케라톱스

공룡에 관한 궁금증 17

# 개성 만점의 공룡, 이게 다 사랑 때문?

### 여기는 사랑이 꽃피는 중생대
우뚝 솟은 돛, 날카로운 가시, 화려한 깃털!
눈과 마음을 사로잡는 개성 넘치는 공룡들의 외모, 볼수록 매력이 넘쳐요.
공룡들도 맘에 드는 암컷이 나타나면 마음을 사로잡기 위해 많은 노력을 했다는데,
어떤 모습으로 그들의 사랑을 표현했는지, 좀 더 알아볼까요?

공룡에 관한 궁금증 18

# 공룡알은 얼마나 컸을까?

### 공룡알은 다 크다?

공룡이 알을 낳았다는 건 다 알고 있는 사실이에요.
그렇다면 공룡의 몸집만큼이나 공룡알의 크기도
어마어마했을까요?
예상과는 달리 알은 공룡 몸집에 비해 의외로 작았답니다.
몸길이 20m가 넘는 목 긴 공룡 아파토사우루스의
알 화석은 겨우 30cm 정도로 농구공 크기만 해요.
농구공보다 작은 새끼 공룡들이 수십 배나 큰
거대 공룡으로 자란다니, 정말 신기하고 놀라울 따름이에요.
오비랍토르의 알 화석도 약 18cm밖에 되지 않아요.
우리가 먹는 보통 달걀이 약 6cm인 걸 떠올린다면,
공룡알은 생각보다 많이 작답니다.

🦴 궁금해? 궁금하면 뼈다귀 하나!

## 우리가 몰랐던 공룡알의 비밀

### Q1. 거대한 공룡들의 알이 생각보다 작은 이유?
알이 클수록 무게를 견디기 위해 껍데기도 두껍고 튼튼해야 해요.
그러면 알 안에 있는 새끼가 알을 깨고 나오기 힘들었을 거예요.
그래서 공룡알은 일정 수준 이상으로 크지 않는답니다.

### Q2. 어떻게 알을 보호했을까?
닭처럼 덩치가 작은 공룡들은 어미의 체열로 알을 품었을 거예요.
하지만 덩치가 큰 공룡의 경우 알을 품는 것이 힘들었을 테지요.
이들은 얕은 구덩이에 알을 낳고 나뭇잎과 흙으로 덮었어요. 육식공룡의 눈도 피할 수 있고,
나뭇잎이 썩을 때 발생하는 열 덕분에 알을 따뜻하게 유지할 수 있었어요.

### Q3. 부화하는 데 시간이 얼마나 걸렸을까?
부화 시간은 화석만으로 알 수 없어요. 대신 현재의 동물을 보고
추정해 볼 수 있지요. 일반적으로 알이 클수록 부화 시간이 오래 걸려요.
참새알 크기라면 약 2주, 타조알처럼 컸다면 부화하는 데 두 달은 걸렸을 거예요.

### Q4. 공룡알에는 숨구멍이 많이 나 있었다고?
이산화탄소의 농도가 높았던 중생대. 알 속 새끼에게는 산소 공급이
매우 중요했어요. 공룡알에는 지금 조류의 알보다
많게는 16배 이상의 숨구멍이 있었는데,
알 속의 새끼는 이 숨구멍들을 이용해 산소를 공급받았다고 해요.

### Q5. 초식공룡과 육식공룡, 누가 더 알을 많이 낳았을까?
자손 번식의 방법으로는 크게 두 가지가 있어요.
사람이나 사자, 코끼리처럼 새끼를 적게 낳아 안전하게 키우는 전략과 물고기나 바다거북처럼
많이 낳는 것에 집중하는 전략이에요. 공룡은 어땠을까요?
브라키오사우루스와 같은 목 긴 공룡의 산란지에 가면 수천 개의 알이 묻혀 있어요.
그 근처에는 어미 공룡이 머문 흔적이 발견되지 않지요. 알을 많이 낳는 전략을 취한 거예요.
반면 육식공룡들은 지금의 육식동물처럼 적게 낳아 새끼가 알에서 나올 때까지 안전하게 보호했을 가능성이 크답니다.

뿔공룡의 알 화석

## 공룡에 관한 궁금증 19
# 공룡도 모성애가 있었을까?

▲슈노사우루스
▲마이아사우라
▲카로노사우루스

### 지극정성 육아의 달인, 마이아사우라

백악기 후기에 살았던 몸길이 7~9m, 몸무게 2~3t의 마이아사우라.
입이 오리 주둥이처럼 생긴 초식공룡이지요.
이 공룡의 이름은 '좋은 어미 도마뱀'이라는 뜻이에요.
모성애가 강해 새끼를 잘 돌보았던 공룡이라 그랬을까요?
이런 독특한 이름을 가지게 된 이유는 집단으로 발견된 산란지 때문이랍니다.
미국 몬태나 주에서 약 200마리의 마이아사우라 화석이 발견되었는데,
이 주위에서 마이아사우라의 둥지가 수백 개나 발견되었어요.
이를 통해 마이아사우라가 알을 낳을 때가 되면
함께 번식지에 모여서 알을 낳고 키웠다는 것을 알 수 있게 되었죠.

런던 자연사 박물관의 마이아사우라 둥지 모형 ⓒ Drow male

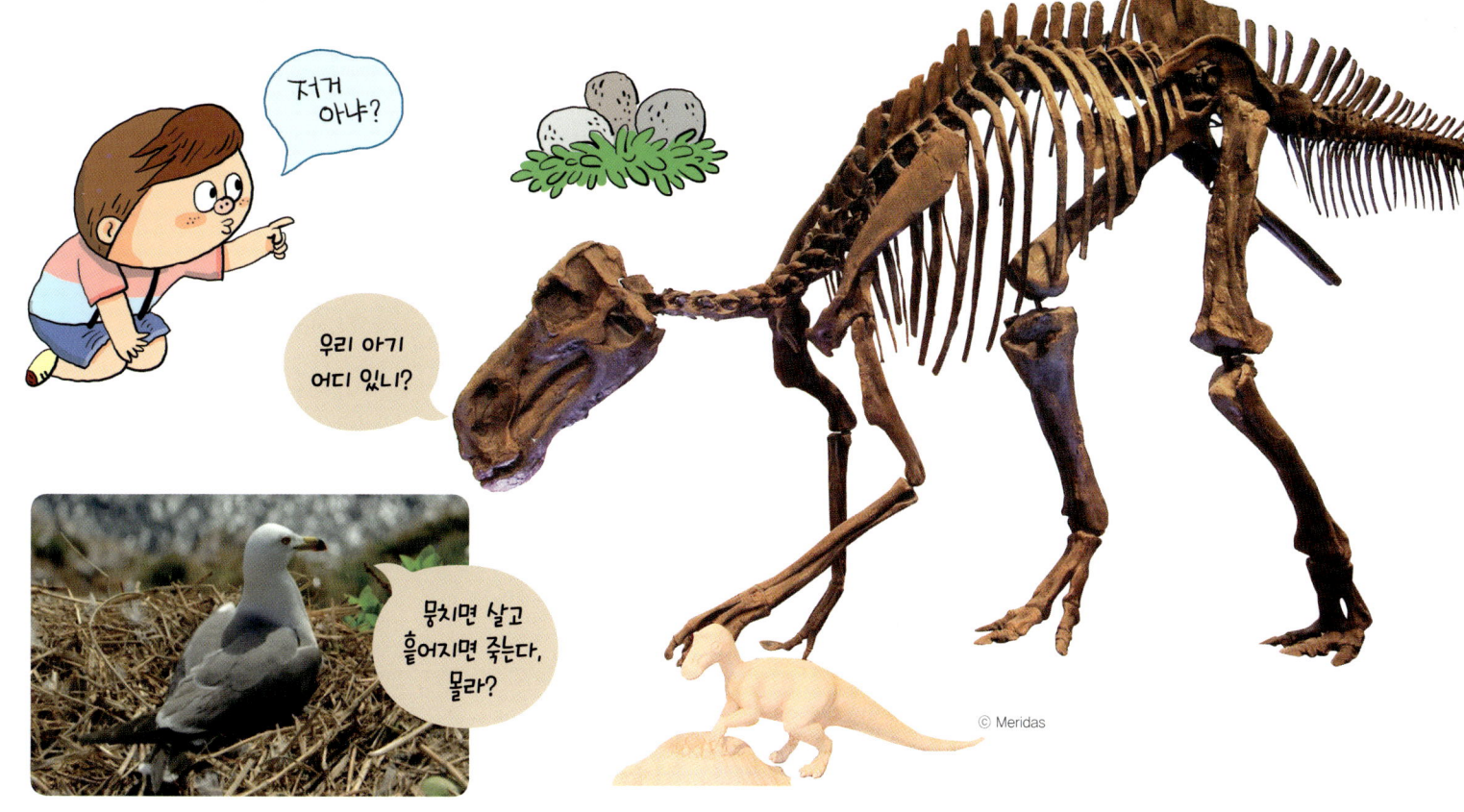

이곳에서는 알뿐만 아니라 새끼부터 성체에 이르는 다양한 나이의 마이아사우라도 발견되었어요. 이로써, 새끼가 충분히 자랄 때까지 어미가 둥지에서 정성껏 돌보아 주었다는 추측을 할 수 있답니다.

거북과 같은 파충류는 어미가 알을 낳은 뒤 곧 알 곁에서 떠나요. 새끼 거북들은 혼자 알을 깨고 나와 바다로 가지요. 사람들은 마이아사우라의 번식지를 발견하기 전까지 공룡도 파충류인 거북과 같지 않았을까 생각했어요.

하지만 이제는 초식공룡 중 몇몇은 바닷새처럼 공동 번식지에서 알을 낳고 새끼가 자랄 때까지 함께 돌본다는 걸 알게 되었지요. 슴새, 괭이갈매기, 칼새와 같은 바닷새들은 수만 마리가 섬에 모여 집단으로 알을 낳아 키우거든요. 그러다가 어느 정도 새끼들이 성장하면 같이 섬을 떠나 바다로 가지요. 이렇게 함께 모여서 알을 낳는 이유는 무엇일까요? 여럿이 모여 있으면 적으로부터 알을 보호하기 쉽기 때문이에요. 마이아사우라 같은 공룡들도 그런 이유로 다 같이 모여 알을 낳지 않았을까요?

마이아사우라가 어른이 되는 데는 약 7년 정도가 걸려요. 태어났을 때 50cm 정도였던 새끼는 1~2년 후에 3m에 달하고, 일곱 살이 되면 7~9m가 되었다고 해요. 이렇게 빨리 성장하는 새끼 공룡을 위해 어미 마이아사우라는 쉴 틈 없이 먹이를 날라야 했을 거예요.

그러니, 왜 지극정성 육아의 달인이라 하는지 알겠지요?

공룡에 관한 궁금증 20

# 공룡이 얼마 살지 못했다고?

### 공룡의 나이를 알 수 있는 방법
화석은 과거에 살았던 생물의 몸체나 흔적이 암석이나 지층 속에 남아 있는 것을 말하는데, 공룡 화석에는 공룡 뼈의 겉모양은 물론, 뼛속의 작은 구멍까지 그대로 남아 있어요.

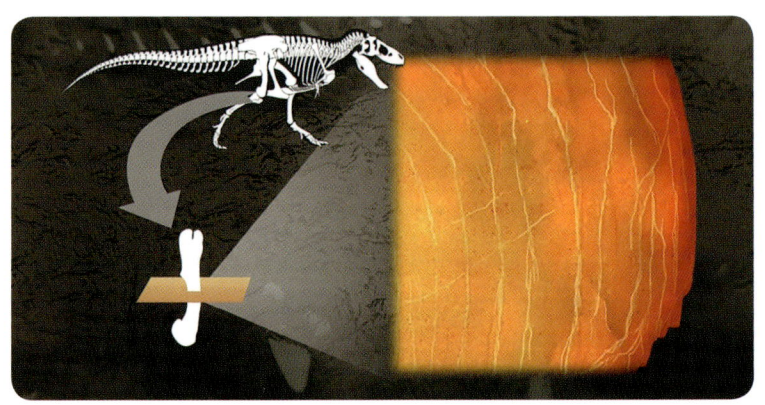

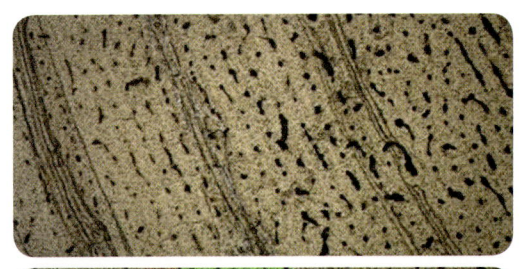

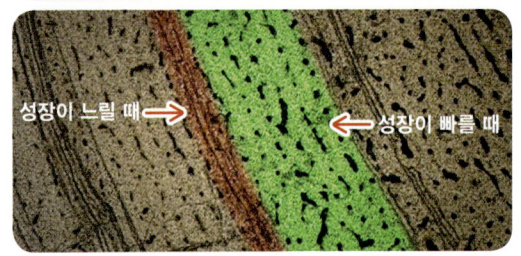

이런 공룡 뼈를 감자 칩처럼 얇게 썰어서 살펴보면 나이테와 같은 성장선을 확인할 수 있답니다.
선이 진하게 보이는 부분은 계절의 변화로 먹을 게 줄어서 성장이 더뎠음을, 선과 선 사이의 넓은 부분은 먹을 게 풍부해 성장이 빨랐음을 뜻한대요.
이 성장선을 잘 보면, 계절이 몇 번 바뀌었는지 알 수 있고,
공룡의 성장 기간과 속도를 짐작할 수 있어요.
다만, 계절의 변화가 없는 지역의 공룡에게선 성장선이 잘 나타나지 않는대요.
성장선은 계절의 변화가 있는 지역에 살았던 공룡에게서만 나타난답니다.

### 공룡은 몇 살까지 살았을까?

티라노사우루스의 성장 곡선을 살펴보면, 12살부터 19살 사이에
폭풍 성장을 해요. 이 시기에는 하루에 최대 약 2kg씩
몸무게가 늘어날 정도예요.
사나운 공룡이 몸집까지 커지니, 주변 공룡들이 벌벌 떨었겠지요?
하지만 의외로 다른 공룡들보다는 짧게 살았어요.
대부분 20년 정도까지 밖에 살지 못했답니다.

몸집이 큰 목 긴 공룡은 어땠을까요?
아파토사우루스는 몸무게 약 25t 되는 어른이 되기까지
1년에 최대 5.4t, 하루에 최대 14kg씩 몸무게가 늘어났대요.
하지만 지금까지 알려진 가장 오래 산 목 긴 공룡의 수명은
고작 38살이랍니다.

예전에는 300~400년 이상 살면서 천천히 자랐을 거라고 생각했어요.
하지만 공룡은 성장 속도가 엄청나게 빠를 뿐만 아니라,
현재까지 성장선을 측정한 공룡 중에서 40살을 넘긴 공룡은 한 마리도 없었지요.
물론 이 모든 이야기는 성장선이 발견된 공룡 뼈만을 가지고 내린 추측이므로,
공룡이 얼마나 오래 살았는지는 누구도 정확히 알지 못한답니다.

## 어느 공룡의 몸일까?

제각기 독특한 외모를 자랑하는 공룡들이 길을 나섰어요.
부분을 보고 어느 공룡의 것인지 알아맞혀 보세요.

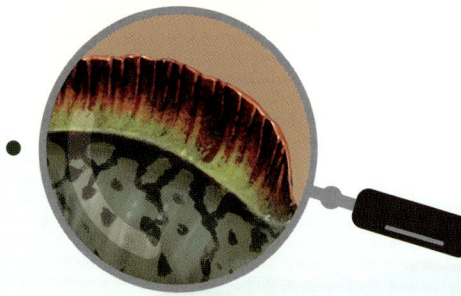

정답 : 95쪽 확인

# 진짜 공룡알을 찾아라!

여러 크기와 색깔의 알이 있어요.
그중에 공룡알만 정확한 정보를 말하고 있지요.
공룡알을 찾아 모두 ○하고, 틀린 말은 바르게 고쳐 말해 보세요.

① 아파토사우루스의 알은 크기가 사람 키만 했어!

② 화석만으로는 부화하는 데 걸리는 시간을 정확히 알 수 없어!

③ 육식공룡들은 알을 적게 낳았을 거야.

④ 중생대에는 산소가 풍부해서 공룡알에는 숨구멍이 거의 없었어.

⑤ 닭처럼 덩치가 작은 공룡들은 체열로 알을 품었을걸?

⑥ 목 긴 공룡은 한 번에 한두 개의 알을 낳았어.

정답 : 95쪽 확인

## 공룡에 관한 궁금증 21

# 공룡들도 힘을 합쳤다고?

### 육식공룡이여, 힘을 합쳐 공격!

암사자는 여러 마리가 함께 숨어 있다가 힘을 합쳐 먹이를 사냥해요. 사자 외에도 많은 육식동물이 힘을 합쳐 사냥하지요.
공룡들도 무리 지어 사냥하면 자신들보다 몸집이 훨씬 큰 공룡도 쓰러트릴 수 있다는 것을 알고 있었을까요?
미국의 한 발굴 현장에서 데이노니쿠스 여러 마리와 몸집이 큰 초식공룡 테논토사우루스의 화석이 함께 발견되었답니다.

▲테논토사우루스를 공격하는 데이노니쿠스

재미있는 건 테논토사우루스의 뼈에서 데이노니쿠스의 이빨 자국이 발견되었다는 거예요. 공룡 연구가들은 데이노니쿠스들이 무리를 지어 사냥을 했다고 판단했어요. 물론 데이노니쿠스들이 죽은 테논토사우루스를 같이 먹다가 화석이 되었다는 주장도 있었지만, 무리 지어 사냥했다는 쪽이 더 많은 인정을 받았답니다.

### 초식공룡도 질 수 없다, 집단 방어!

초원에 사는 사슴이나 얼룩말 같은 초식동물들은
무리를 지어 몰려다녀요.
이들은 왜 무리 지어 사는 걸까요?
무리 지어 다니면 육식동물이 쉽게 접근하지 못해서
새끼와 가족들을 안전하게 보호할 수 있기 때문이에요.
작은 육식공룡이 무리를 지어 사냥했다면,
초식공룡들 또한 무리를 이뤄 방어하는 건 당연하지 않을까요?

켄트로사우루스(Centrosaurus) 무리의 화석

캐나다의 앨버타 주에서 수천 마리의 켄트로사우루스(Centrosaurus) 무리의 화석이 발굴되었어요.
켄트로사우루스 무리가 강을 건너다 갑자기 불어난 물에 한꺼번에 휩쓸려 죽었다고
추측하지요. 이렇게 초식공룡 수천 마리가 무리 지어 생활했다면
아무리 사나운 육식공룡이라도 쉽게 접근하지 못했을 거예요.
잘못 휩쓸렸다 밟혀 죽을지도 모르는 일이니…….
초식공룡이 무리 지어 살았다는 것은 우리나라에 남아 있는
공룡 발자국 화석을 통해서도 알 수 있어요.
전라남도 여수시 추도에는 초식공룡 여러 마리가 무리 지어
이동한 발자국 행렬이 무려 80m 넘게 남아 있지요.
아마도 육식공룡의 공격을 막으며 안전하게 이동하기 위해
무리가 함께 이동했을 것으로 추정한답니다.

초식공룡 무리가 이동한 발자국 화석

배고파! 언제까지 기다려!

여기서 기다리자! 같이 움직여야 우리가 먹을 수 있다고!

## 공룡에 관한 궁금증 22

# 공룡의 체온은 몇 도일까?

### 변온인가? 항온인가? 체온의 비밀

생김새도 사는 법도 다른 지구 최강의 두 포식자,
포유류의 대표 호랑이와 파충류의 대표 코모도왕도마뱀!
하지만 둘의 진짜 차이점은 따로 있어요.
몸무게 약 200kg인 동물원 호랑이의 하루 식사량은 닭 한 마리지만,
비슷한 몸무게의 코모도왕도마뱀은 90일 동안 한 번만 먹어도
살 수 있다고 해요. 이게 도대체 어떻게 된 일일까요?
동물의 먹는 법을 결정하는 한 가지, 바로 체온이에요.

항상 체온이 일정한 항온동물*은 주변의 온도에 따라 체온이 변하는
변온동물*보다 더 많이 먹어야 해요.
체온을 유지하는 데 많은 에너지가 필요하기 때문이죠.
변온동물과 항온동물은 또, 스스로 열을 만들 수 있는
'내온동물'과 외부에서 열을 얻어야 하는 '외온동물'로 나뉜답니다.
그래서 공룡의 체온은 도대체 몇 도냐고요?
아쉽게도 아직 결론이 나지 않았어요.
화석 연구로는 정확한 추정이 불가능하기 때문이지요.

### ✅ 한 걸음 더!

**＊항온동물**
주변 온도의 영향을 받지 않고, 일정한 체온을 유지할 수 있는 동물.

**＊변온동물**
주변 온도가 변함에 따라 체온이 변하는 동물.

🦴 궁금해? 궁금하면 뼈다귀 하나!

## 공룡의 체온 논란은 아직도 진행 중!

아이고 답답해! 누가 우리 체온 좀 속시원하게 밝혀 줘!

| | 항온동물<br>(항상 체온이 일정한 동물) | 변온동물<br>(주변 온도에 따라 체온이 변하는 동물) |
|---|---|---|
| 내온동물<br>(스스로 열을 만드는 동물) | <br>대다수의 포유류, 조류 | <br>박쥐, 가시두더지 |
| 외온동물<br>(외부에서 열을 얻는 동물) | <br>바다악어, 장수거북 | <br>대다수의 파충류, 양서류 |

 공룡이 새, 새가 공룡이잖아. 뭘 고민해? 당연히 내온성 항온동물이지!

 그럼 매일 음식을 먹어서 에너지를 만들어야 할 텐데? 목 긴 공룡이나 점박이 같은 덩치 큰 공룡들은 먹다가 하루 다 갔겠다! 오히려 개구리나 도마뱀 쪽에 가까웠을 거라고.

 자자, 진정들 하시고. 가운데로 가면 어때? 2009년 미국 유타대 스콧 샘슨 박사는 공룡의 체온은 중간에 해당하는 '중온성'을 띤다는 일명 '골디락스 가설'을 주장했어. 골디락스란 뜨겁지도 차갑지도 않은 상황을 나타내는 경제학 용어지.
물론 아쉽게도 오늘날 살아 있는 동물 중에서 중온성 동물은 존재하지 않기 때문에 정확한 설명은 쉽지 않지만 말야.
이런저런 주장을 들어 보니, 너희의 생각은 어때?

공룡에 관한 궁금증 23

# 공룡은 얼마큼 먹었을까?

### 천하의 대식가 코끼리도 공룡 앞에선 별수 없다?

동물들은 자신의 체온에 따라 필요한 에너지의 양이 달라요. 따라서 공룡을 코끼리나 호랑이 같은 항온동물로 볼 것인지, 뱀 같은 변온동물로 볼 것인지에 따라 먹는 양이 많이 달라지지요. 공룡을 포유류와 같은 항온동물이라고 가정하고, 우리가 잘 아는 호랑이와 육식공룡의 식사량을 비교해 볼까요?

몸무게가 200kg인 호랑이의 하루 식사량은 4kg 정도니까, 호랑이보다 몸무게가 25배나 무거운 5t의 타르보사우루스는 하루에 100kg의 고기를 먹어야 살 수 있었을 거예요.
그러면 초식공룡은 육식공룡과 또 어떻게 다를까요?
4t의 코끼리는 하루에 약 100kg의 과일, 채소, 건초를 먹지요.
코끼리보다 약 18배 무거운 73t의 아르젠티노사우루스는 하루에 무려 1,800kg의 식사량이 필요했을 거랍니다.

🦴 궁금해? 궁금하면 뼈다귀 하나!

### 공룡들의 특별한 소화 방법

몸집이 클수록 먹는 양도 많을 수밖에!
특히나 목이 길고 몸집이 거대한
초식공룡들은 배를 채우려고
온종일 풀을 뜯어 먹었을 수도 있어요.
하지만 초식공룡들의 이빨은 약하고 듬성듬성 나 있어서
풀을 제대로 씹지도 못하고 바로 삼켜야만 했어요.
그렇게나 많은 풀을 먹고 소화는 제대로 되었을까요?
아래의 사진은 이들 화석의 배 부근에서 발견된 '위석'이라는 돌들이에요.
공룡 연구자들은, 초식공룡이 풀과 함께 돌들을 삼켰고, 이 돌들이 배 속에서
서로 부딪치면서 질긴 식물들을 잘게 갈아 주었을 거로 추측한답니다.

초식공룡의 위석 ⓒ Craig Pemberton

온종일 먹어도 부족해!

▲켄트로사우루스

풀도 먹고, 돌도 먹고, 똥도 먹고…. 먹고살기 참 힘들구먼.

### 돌뿐만 아니라 똥까지 먹었다고?

아기 코알라가 젖을 떼고 가장 처음 먹는 것은 바로 '엄마의 똥'이에요.
엄마의 똥 속에는 잎을 소화시키는 박테리아가 있기 때문이죠!
아마 매일 많은 양의 식물을 먹었던 초식공룡들도 코알라처럼 많은 박테리아가
필요했을 거예요. 어쩌면 초식공룡들도 한 번 소화가 다 된 똥을
먹었던 건 아니었을까요? 엄청난 양의 식물을 먹어 치워도 소화시킬 수
있었던 걸 보면 말이에요.

역시 엄마 똥이 최고라니깐!

# 공룡에 관한 궁금증 24
# 공룡의 똥, 오줌, 그리고 방귀

**먹는 만큼 싼다!**
**공룡들의 하루 배설물 양은?**

타르보사우루스, 하루에 50kg
아르젠티노사우루스, 하루에 900kg
어마어마한 이 무게의 정체는?
공룡이 하루에 눴다고 생각되는 똥의 양이에요.
그럼 오줌은 어떨까요? 코끼리가 하루에 누는 오줌은 무려 10L!

그럼 공룡이 한 번 쉬를 하면 호수가 만들어졌으려나요?
다행히 동물마다 오줌을 누는 방법이 달라요.
사람, 코끼리, 개 등의 포유류는 독성을 띤 암모니아를
독성이 약한 요소로 바꾸어 물과 함께 내보내요.
반면 뱀이나 도마뱀과 같은 파충류는 암모니아를
요산의 형태로 바꾸어 적은 양의 물과 함께 내보낸답니다.

뱀의 오줌

아마 공룡들도 뱀이나 도마뱀처럼
적은 양의 물과 함께 요산 형태로 배출하지 않았을까요?
안 그랬다간 중생대가 공룡들 오줌으로 넘쳐났을지도 모르니까요.
그럼 방귀는 어땠을까요?
방귀는 화석으로 남지 않아 정확하게 알 순 없지만,
영국 존 무어스 대학의 연구팀에서 소가 배출하는 가스의 양을 기초로
공룡이 배출하는 가스의 양을 계산해 봤대요.
그 결과, 몸무게가 20t인 초식공룡 한 마리가 하루에 배출하는 가스의 양은
무려 1.9kg! 이것은 소 여덟 마리가 하루에 배출하는 양과 비슷하다고 해요.

소화가 안 되나?
자꾸 방귀가 나오네,
헤헤.

## 🦴 궁금해? 궁금하면 뼈다귀 하나!

### 공룡 똥을 연구하는 사람들

똥이 더러운 배설물이라고만 생각하면 안 돼요!
공룡 똥에는 우리가 공룡을 이해하는 데
중요한 열쇠가 들어 있는 경우가 많거든요.
육식공룡의 최강자 티라노사우루스!
강력한 턱과 날카로운 이빨로 다른 공룡의 뼈까지
아작아작 씹어 먹었다는 이야기는 분명한 과학적인 근거가 있어요.
티라노사우루스의 똥 화석에서 다른 공룡의 뼛조각이 발견됐기 때문이지요.
이렇듯 공룡의 똥도 귀한 자료가 되어 그들의 생활을 엿보는 데 큰 도움이 된답니다.
더럽게만 여겼던 똥이 이제 좀 달라 보이지 않나요?

육식공룡의 똥 화석 ⓒ United States Geological Survey

내 똥 더럽다고 하면
혼난다?

▲타르보사우루스

## 공룡에 관한 궁금증 25
# 세계에서 가장 신기한 콧구멍!

▲브라키오사우루스의 두개골

### 브라키오사우루스의 콧구멍이 궁금해!

거대한 콧구멍 때문에 공룡학자들을
오랫동안 고민에 빠지게 만든 공룡, 브라키오사우루스를 만나 볼까요?
브라키오사우루스의 두개골에 난 콧구멍은 공룡을 실제 모습으로
복원하는 학자들의 큰 숙제거리였어요.
공룡학자들은 저마다 아주 다양한 상상을 하게 되었답니다.
한때는 많은 사람이 브라키오사우루스가 깊은 물 속에 산다고
생각했어요. 몸은 물속에 담그고 고개만 살짝 들어 머리 위에 있는
콧구멍으로 숨을 쉬었을 거라 상상했던 거지요.
하지만 덩치가 큰 공룡이 깊은 물속에 들어가면 강한 수압으로
폐가 쪼그라들기 때문에 물속 생활은 어려웠을 거예요.
어떤 사람들은 브라키오사우루스가 코끼리처럼 긴 코를 가졌을 거로
상상하기도 했어요. 브라키오사우루스와 코끼리 코 주변의 뼈 구조가
비슷했기 때문이지요.
하지만 코끼리의 큰 코는 뼈에 근육이 달렸던 흔적이 있지만,
브라키오사우루스의 두개골에는 그런 흔적이 전혀 나오지 않았어요.
그렇다면 도대체 브라키오사우루스의 코는 어떻게 생겼던 것일까요?

## 드디어 밝혀진 브라키오사우루스 코의 정체!

그러다 마침내 브라키오사우루스 콧구멍의 비밀이 밝혀졌어요.
공룡학자들은 코끼리바다물범과 두건물범의 코를 보고
결정적인 힌트를 얻었어요.
그들의 콧구멍은 정수리 부분부터 뚫려 있지만,
그 위는 두툼한 살로 덮여 있고, 실제 얼굴에 난 콧구멍은
입 위쪽으로 조그맣게 나 있었지요.
이를 바탕으로 복원된 브라키오사우루스의 모습은
정수리에 난 구멍이 살로 두툼하게 덮여 있고
콧구멍은 그 아래쪽에 조그맣게 나 있는,
지금 우리가 아는 브라키오사우루스의 모습이랍니다.

코끼리바다물범

브라키오사우루스

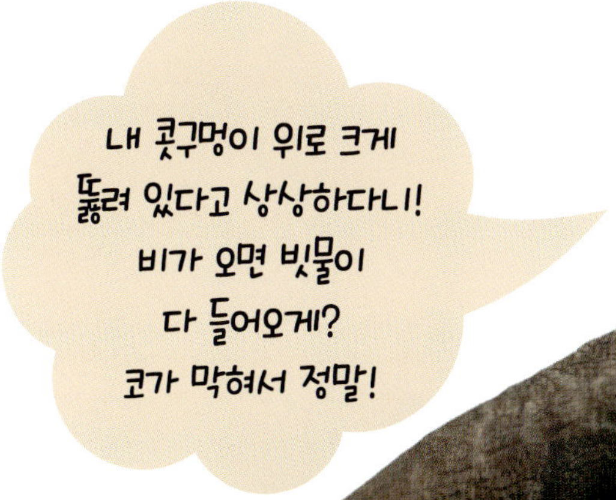

내 콧구멍이 위로 크게
뚫려 있다고 상상하다니!
비가 오면 빗물이
다 들어오게?
코가 막혀서 정말!

# 공룡과 놀자

## 알쏭달쏭, 공룡의 체온

공룡들이 자신의 체온을 두고 옥신각신 다투고 있어요. 그런데 모두 체온에 관해 잘못 알고 있군요! 진한 글자를 바르게 고쳐 ☐ 안에 써 주세요.
헷갈린다면 〈공룡에 관한 궁금증 22〉를 다시 읽어도 좋아요.

① 주변 온도에 상관없이 항상 체온이 일정한 **변온동물**이 아니었을까?

② 외부에서 열을 얻어야 하는 **내온동물**이 확실해.

③ 무슨 소리! 스스로 열을 만들 수 있는 **외온동물**이었을 거라고!

④ 주변 온도에 따라 체온이 변하는 동물이 **항온동물**이라고?

⑤ 내온성과 외온성의 중간에 해당하는 **상온성**이었다는 주장이 가장 그럴듯하지 않아?

정답 : 95쪽 확인

## 다른 그림 찾기

아래 두 장의 그림을 보고 다른 곳을 찾아보세요.
다른 곳은 모두 다섯 군데!
찾아서 ○하세요.

돋보기로 찾아봐야지.

정답 : 95쪽 확인

## 공룡에 관한 궁금증 26

# 공룡의 진짜 모습? 며느리도 몰라!

**뼈를 보고 어떻게 생겼을지 상상하여 그리는 대회**

이런 모습?

어룡이 틀림없어~

이 정도~

멍!

### 공룡의 복원, 그것은 과학인가? 예술인가?

위의 뼈 주인은 어룡이었을까요? 아니면 악어의 조상?

정답은 지금도 바다에 사는 향고래의 뼈예요.

향고래는 머리 앞부분이 기름 성분으로 가득 차 있고 몸에도 살이 많이 붙어 있어요.

하지만 이런 것들은 화석으로 남지 않지요.

그러다 보니 겉모습과 골격은 서로 매우 달라요. 향고래의 존재를 알지 못하는 사람이라면 뼈만 보고 엉뚱한 모습을 상상할 수밖에 없을 거예요.

오른쪽 뼈는 어떤 동물의 머리일까요?
정답은 돼지예요!
돼지의 가장 큰 특징은 둥글게 튀어나온 코예요.
하지만 이 물컹한 코는 두툼한 살로만 이루어졌기 때문에
화석으로 남지 않아요.
뼈만 보고 돼지라고 추측하기란 정말 어렵지요.
공룡도 마찬가지예요. 죽고 난 후 시간이 흐르면
피부와 살, 장기 등이 모두 사라지고 뼈만 남아요.
이조차도 물에 휩쓸리고 바람에 흩어져 일부 조각들만
땅에 묻히지요.
남아 있는 뼛조각을 땅 위로 끄집어 내는 것을 '발굴'이라고 해요.
발굴한 뼛조각으로 원래 공룡의 모습을 되살리는 것을 '복원'이라고 하고요.
완벽하지 않은 뼛조각을 발굴해 복원하는 작업은 굉장히 어려운 일이에요.

일반적으로 '완전하게 보존' 되었다는 말은
뼈의 60% 이상이 남아 있을 때 사용해요.
대부분 한두 개의 뼈를 연구해 공룡을
복원해야 하죠. 그래서 공룡의 모습을 복원하는 데
많은 과학적 지식과 상상력이 필요해요.
복원할 때는 주로 현재 살고 있는 동물들의 모습을
많이 참고하는데, 근육의 경우는 악어나 새를 많이
참고한다고 해요.
하지만 여전히 우리가 알고 있는 공룡의 모습이
진짜라고 말하기는 어려워요.
공룡의 모습은 언제든지 바뀔 수 있답니다.

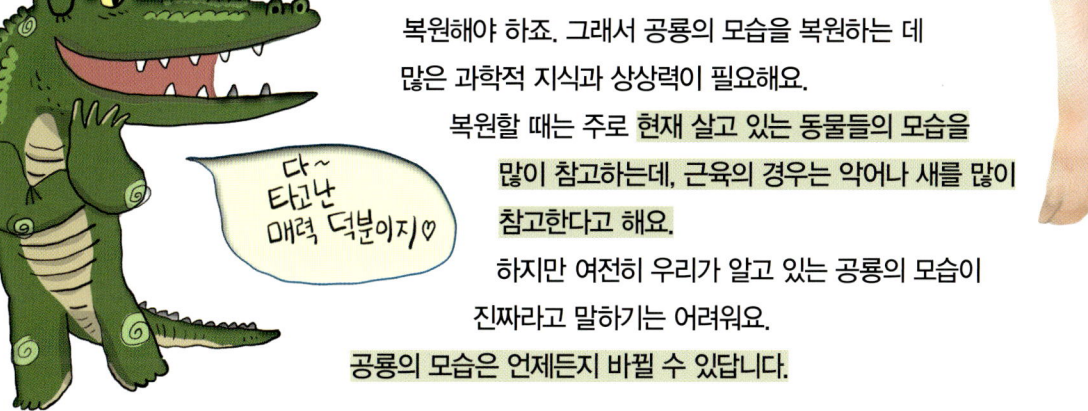

## 🦴 궁금해? 궁금하면 뼈다귀 하나!

### 뼈가 가장 많이 보존된 공룡은 어떤 공룡일까?

지금까지 가장 온전하게 보존된 공룡
화석은 스키우루미무스의 것이에요.
하지만 이마저도 100% 남은 건 아니죠.
뼈의 약 98%가 발견되었어요.
스키우루미무스는 쥐라기 후기에
활동했던 공룡으로
다람쥐 같은 꼬리를 가졌다고 해요.

스키우루미무스의 복원된 모습 ⓒ Arkady Rose

스키우루미무스의 화석 ⓒ Ghedog hedo

공룡에 관한 궁금증 27

# 공룡에게 깃털이 있었다고?

## 깃털 공룡의 놀라운 증거들!

오랫동안 사람들은 공룡이 비늘로 뒤덮여 있다고 생각했어요. 그러나 1996년, 중국에서 곡괭이질을 하던 농부에 의해 온몸이 가는 털로 뒤덮인 공룡 화석이 발견되었지요. 시노사우롭테릭스라 불리는 이 공룡은 그동안 우리가 알고 있던 공룡에 대한 생각을 완전히 바꾸어 놓았답니다. 그 이후에도 중국 여러 곳에서 깃털 공룡의 흔적이 발견되기 시작했어요.

시노사우롭테릭스의 화석

복원도

메이롱의 화석

복원도

깃털 공룡 딜롱 상상도

'잠자는 용'이라는 뜻의 '메이롱'은 화석 발견 당시 새처럼 깃털 속에 머리를 파묻고 있었어요.
티라노사우루스의 조상인 '딜롱'은 화석 발견 당시 꼬리와 턱 부분에 깃털이 있어서 '깃털 달린 티라노사우루스'라는 별명이 붙었지요.

**공룡에게 깃털이 왜 있었을까요?**
원래는 체온을 유지하기 위해 있다가, 공룡 몸집이
거대해지면서 깃털이 퇴화하거나 살갗을 살짝 덮는 정도로만
남았을 것으로 추측하고 있어요.
단순히 보여 주기 용이라는 주장도 있지만, 정확히는 알지 못해요.
온몸이 깃털로 덮인 공룡, 꼭 새 같지 않나요?

## 궁금해? 궁금하면 뼈다귀 하나!

### 새와 공룡, 무엇이 닮았을까?

우리는 공룡이 도마뱀과 닮았을 거라고
상상하지만, 사실 **공룡은 파충류보다 조류와 더 많이 닮았어요.**
그 증거를 살펴볼까요?
'차골'은 새의 가슴뼈 앞에 있는 V자 모양의 뼈로, 조류에게서만 발견되는 뼈예요.
차골은 새의 날개를 받쳐 주며 날갯짓을 할 때 생기는 강한 힘을 온몸으로 분산해 주지요.
그런데 이런 골격 구조는 공룡이 대부분 가지고 있다는 사실!
게다가 새와 공룡은 **걷는 자세**도 닮았어요.
일반적으로 동물들은 발가락과 발바닥을 모두 사용해서 몸무게를 지탱하며 걸어요.
하지만 **공룡은 새처럼 발가락만 사용하고
발바닥은 마치 종아리처럼 바짝 세워서 걷지요.**
과학자들은 공룡 중 일부가 새로 진화했고,
어떤 환경에서도 날 수 있는 신체 구조 덕분에
지금까지 살아남았다고 추측한답니다.

너희 이제부터 까불면 공룡의 후손인 닭한테 혼난다!

벨로키랍토르와 닭의 걷는 자세 비교

## 공룡에 관한 궁금증 28

# 공룡=새, 동물의 분류가 바뀐다고?

벨로키랍토르
저 모습이 나라고?
과거 복원도
현재 복원도

데이노니쿠스
이건 마치… 새의 모습이잖아?
과거 복원도
현재 복원도

### 새와 공룡, 닮아도 너무 닮았어!

백악기 살았던 벨로키랍토르와 데이노니쿠스.
영화나 만화 속에서는 대부분 깃털 없는 모습으로 등장해요.
깃털 화석이 발견된 이후, 지금은 온몸이 깃털로 덮인
모습으로 바뀌고 있어요.
그래서 예전의 복원도와 지금의 복원도를 비교하면 많이 달라요.
새가 공룡의 후손이라는 증거들이 하나둘 밝혀지면서 동물에 대한
분류도 새로워지고 있어요.
타르보사우루스, 트리케라톱스, 또는 목 긴 공룡 뿐만 아니라
펠리컨이나 타조, 펭귄 같은 새들도 모두 공룡으로 분류하지요.
다만 예전에 알고 있었던 공룡은 '비조류형공룡', 요즘 볼 수 있는 새는 '조류형공룡'으로 말이에요.

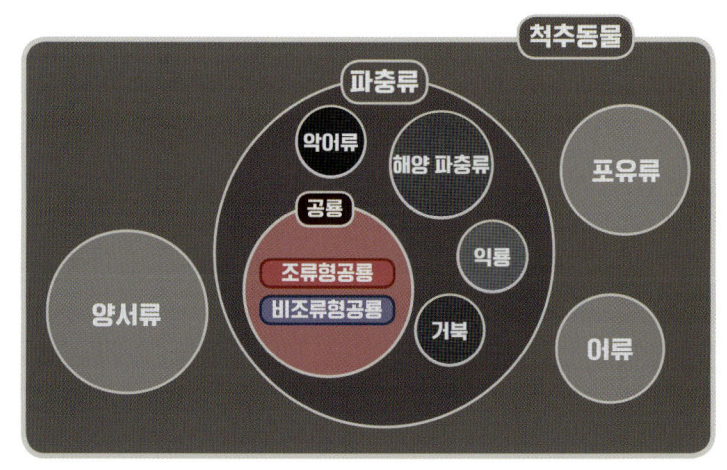

🦴 궁금해? 궁금하면 뼈다귀 하나!

## 닭으로 공룡을 만든다고요?

▲바리오닉스

영화 〈쥬라기 공원〉에서는 과학자들이
아주 오래전 공룡의 피를 빨아 먹은 모기의 화석에서
공룡의 유전자*를 빼내어 공룡을 되살리는 데 성공해요.
만약 우리도 공룡의 유전자를 발견할 수만 있다면
영화처럼 실제 공룡을 만들 수 있지 않을까요?
하지만 공룡의 유전자를 찾는 건 아주 어려운 일이에요.
피를 빠는 모기는 임신한 암컷뿐이고, 공룡과 모기가 함께 살던 시기는
아주 짧아서 원하는 모기 화석을 찾을 가능성이 매우 낮기 때문이에요.
게다가 생물이 죽으면 유전자는 금방 파괴되기 때문에 공룡 화석에도 남아 있기 힘들어요.
그렇다면 공룡을 되살리는 것은 영화 속에나 가능한 일일까요?
오래전부터 많은 과학자가 공룡의 모습을 되살리기 위해 노력해 왔어요.
2006년 미국 위스콘신대학교의 생물학자 매슈 해리스는 새가 공룡이라는 사실에 주목했어요.
그리고 주변에서 쉽게 구할 수 있는 닭으로 공룡을 만들려는 연구를 진행했지요.
그는 닭의 유전자를 조작해 알 속의 병아리에게 부리 대신 주둥이와 이빨이 생겨나게 했어요.
계속 이런 식으로 실험하다 보면 계란에서 진짜 공룡이 태어날지도 모를 일이지요.
이렇게 닭의 유전자를 조작해서 만든 가상의 공룡을 '치키노사우루스'라고 부르기도 해요.
하지만 치키노사우루스를 실제로 보는 건 힘들지도 몰라요.
연구가 윤리적으로 옳지 않다는 논란에 부딪혔거든요.
공룡의 부활을 기다리는 사람들을 위해 이 연구는 계속되어야 할까요?

> 계란으로 공룡을 만든다는 거야? 말도 안 돼!

> 꼬꼬댁~ 내 소중한 알로 장난치지 마!

### ✅ 한 걸음 더!

**＊유전자**

모든 건물이나 기계에 설계도가 있듯이, 모든 생물체가 가지고 있는 몸을 이루는 정보. 부모가 자식에게 물려준다.

## 공룡에 관한 궁금증 29

# 공룡 정보는 왜 계속 바뀔까?

뭐냐, 이 웃기게 생긴 공룡은?

타르보사우루스! 너의 과거와 현재 모습이야.

나는 과거 타르보사우루스!

나는 현재 타르보사우루스!

### 공룡의 모습은 정해져 있지 않다?

과거의 타르보사우루스와 현재의 타르보사우루스.
같은 공룡이지만 마치 다른 종류의 공룡인 듯 생김새가 다르지요?
예전 사람들이 상상했던 타르보사우루스는 고질라처럼 꼬리를
바닥에 질질 끌고 두 발로 우뚝 서 있어요.
현재 우리가 추정하고 있는 타르보사우루스는 좀 더 날렵해 보여요.
우리가 아는 모든 공룡의 모습은 화석만으로 추정한 것이에요.
뼈 골격만 보고 그것이 어떻게 생긴 동물이었는지 추측할 수 있나요?
잘 알려진 동물이라도 쉽지 않을 텐데.
난생 처음 보는 동물의 것이라면 어떨까요?
그 누구도 본 적이 없는 공룡의 생김새를 상상한다는 것은
매우 어려운 일이에요.
이 때문에 공룡의 역사는 오해와 오류를 거듭해 왔지요.
내일이라도 당장 새로운 사실이 밝혀진다면,
공룡을 둘러싼 추측은 또 한 번 뒤집어질 수도 있어요.
공룡의 세계는 현재진행형이랍니다.

말풍선들:
- 이것은 도대체 무엇에 쓰는 물건일까? 물고기를 콱 잡아서 맛있게 먹었을까?
- 말도 안 돼. 이건 아마도 거북의 갈비뼈 같아!
- 아니야, 영양가 많은 흰개미를 잡아먹기 위해 개미집을 부수는 데 썼을 거라고!
- 이렇게 멋진 발톱을 거북의 갈비뼈로 오해하다니!

## 내 발톱이 거북의 갈비뼈라고?

1948년 몽골 고비사막에서 1m에 달하는 길쭉한 낫 모양의 화석이 발견되었어요.
다른 부위의 화석이 발견되지 않았던 탓에
좀처럼 무슨 화석인지 알아내기 어려웠지요.
하지만 이후 팔 부분 등 추가로 화석이 발견되면서 정체가 밝혀졌어요.
이것의 정체는 바로 테리지노사우루스의 발톱!
발톱이라고 상상하기엔 너무 길었기 때문에
이런저런 오해를 불러일으킨 것이지요.

테리지노사우루스의 발톱은 지구에 살았던 동물 중 가장 커요.
발톱 길이만 최대 70cm가 넘었다고 하지요.
이 기다란 발톱이 앞발에 무려 3개씩 나 있었어요.
테리지노사우루스는 발톱뿐만 아니라 몸집도 상당히 큰 공룡이었어요.
몸길이 11m, 몸무게 6t에 달해 티라노사우루스와 몸길이가 비슷했고,
키는 더 컸어요.
두 발로 서서 기다란 발톱을 휙휙 휘두르면
다른 육식공룡들이 쉽게 다가오지 못했을 거예요.

공룡에 관한 궁금증 30

# 공룡도 오해를 받는다?

### 내가 알 도둑이라고?

백악기 후기에 살았던 잡식공룡, 오비랍토르. 이름의 뜻은 '알 도둑'이에요. 어쩌다가 이런 이름을 갖게 되었을까요?

1942년 몽골에서 처음 발견된 이 공룡은 프로토케라톱스의 알과 함께 있었어요.

사람들은 오비랍토르가 이 공룡알들을 훔쳐 먹다가 화석이 되었다고 생각했지요.

하지만 이 모든 것이 오해였어요.

프로토케라톱스의 알이라고 생각했던 공룡알은 사실 오비랍토르의 알이었던 거죠! 게다가 고비사막에서는 팔을 펼치고 자신의 알을 보호하다가 화석이 된 오비랍토르도 발견되었어요.

누구보다 자상한 부모였던 오비랍토르가 졸지에 '도둑'이라는 누명을 쓰게 된 거예요.

오해는 벗었지만 아직도 알 도둑이라고 불리는 오비랍토르.

하지만 100여 년 동안 불려 온 이름을 쉽게 바꿀 수는 없는 법이지요.

이보다 더 억울한 공룡이 또 있을까요?

▲ 오비랍토르

▲사우로포세이돈
▲아르젠티노사우루스
◀디플로도쿠스
브라키오사우루스▶
▲아파토사우루스  ▲카마라사우루스
▲아파토사우루스

"누가 누군지 헷갈린다고?"
"네가 나고 내가 너고…"
"우리를 모두 구분할 수 있다면 공룡 박사!"
"우린 닮아도 너~무 닮았지!"
"읔, 내 머리가 왜 저기에?"
"몸은 내 몸인데, 머리는 내가 아니잖아! 넌 누구냐?"

## 내 진짜 머리를 돌려줘!

닮아도 너무 닮았다구요?
목 긴 공룡은 서로 겉모습이 비슷해 구분하기 어려운 경우가 많아요.
이 때문에 어이없는 사건이 벌어지기도 했지요.
목 긴 공룡들이 뒤얽힌 지층에서 아파토사우루스의 화석이 발견되었는데,
아무리 찾아도 두개골이 보이지 않았어요.
그때 주위에서 카마라사우루스의 두개골이 발견된 거예요.
이 화석을 발굴한 사람들은 카마라사우루스의 머리가 아파토사우루스의 것이라고 착각했어요.
덕분에 수십 년이 지나도록 아파토사우루스는 카마라사우루스의 머리를 가지고 있었지요.
결국 제 머리를 찾게 되었지만, 그동안 아파토사우루스는 얼마나 황당했을까요?

## 어느 공룡의 뼈일까?

사막에서 공룡 뼈가 발견되었어요.
드러난 부분만 보고 어느 공룡인지 보기 에서 골라 이름을 써 보세요.

보기 테리지노사우루스, 파키케팔로사우루스, 트리케라톱스

공룡에 관한 궁금증 31

# 익룡은 공룡이 아니라고?

## 중생대 하늘의 주인은 누구?

익룡은 공룡과 매우 가까운 관계이기는 하지만, 공룡과는 다르게 분류돼요.
익룡은 척추동물 가운데 맨 처음에 비행에 성공한, 고대 파충류의 한 종류예요.
트라이아스기부터 중생대 1억 6천만 년 동안 하늘을 누볐으며,
크기는 아주 큰 것부터 아주 작은 것까지 다양했어요.
지금부터 중생대 하늘의 지배자, 익룡을 만나 볼까요?

### 프테라노돈
바닷가에 살면서 물고기를 잡으러 먼바다까지
날아가기도 했어. 육지에서 100km나 떨어진 바다에서
물고기를 잡아먹었다는 증거도 있다니깐!
백악기 후기에 살았고, 날개 폭은 약 8m였어.

### 케찰코아틀루스
튼튼한 근육을 가지고 있지만 날개가
너무 커서 하늘 높이 날지 못했을 거래.
어쩐지 나는 게 힘들더라니….
백악기 후기에 살았고,
날개 폭은 약 13m였지. 날개가 정말 크지?

### 디모르포돈
펜치처럼 생긴 주둥이와 길쭉하고 뻣뻣한 꼬리를 가지고 있지.
쥐라기 익룡의 특징은 긴 꼬리거든.
난 몸집에 비해 머리가 두껍고 날개가 작았어.
그래서 네 발로 땅을 뛰어다니며 곤충을 잡아먹었을 거래.
쥐라기 전기에 살았고, 날개 폭은 약 1.4m였어.

### 등가리프테루스
주둥이가 위로 살짝 휘어 있어.
앞니는 없지만 단단한 어금니로
갑각류를 으깨어 먹었어.
백악기 전기에 살았으며,
날개 폭은 약 3m였어.

 82 · 점박이 공룡大백과

**베스페로프테릴루스**
개구리와 비슷한 주둥이를 가지고 있지.
몸집은 작지만 쥐라기부터 백악기까지 살았던
유일한 익룡이라고! 보시다시피 백악기
익룡의 특징은 꼬리가 짧아.
날개 폭은 약 99cm야.

🦴 궁금해? 궁금하면 뼈다귀 하나!

## 익룡 vs 박쥐 vs 새
## 날개 전격 분석!

조류인 새와 포유류인 박쥐의 공통점은 날개를 가지고 하늘을 난다는 것!
그렇다면 익룡의 날개는 둘 중 누구와 더 닮았을까요?

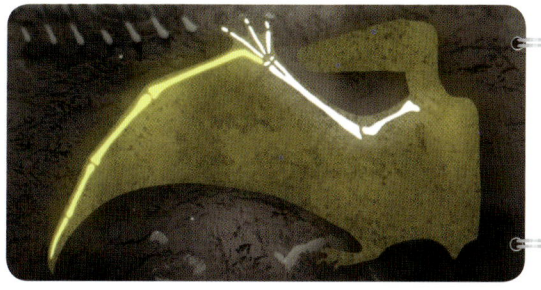 

익룡은 길게 변한 네 번째 발가락뼈로 피부가 늘어나 만들어진 날개막을 지탱하며 하늘을 날아요.

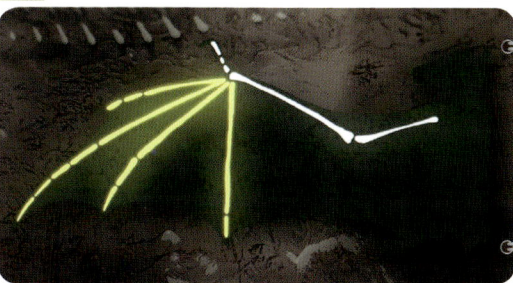 

박쥐는 두 번째부터 길게 발달한 네 개의 발가락뼈로 발가락 사이에서 늘어난 날개막을 지탱하며 날아요.

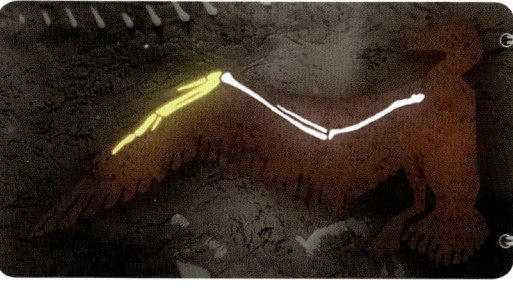 

새는 발가락뼈가 하나로 뭉쳐 있고 날개 전체가 깃털로 덮여 있어요.

익룡의 날개는 박쥐와 더 비슷해요. 다만 익룡은 네 번째 발가락이 길어져
몸통 사이에 날개막을 만들었다는 점에서 차이가 난다는 사실!

공룡에 관한 궁금증 32

# 익룡이 궁금해?

익룡의 피부는 어떻게 생겼는지 살펴볼까?

나도 공룡처럼 털이 있었다니까!

▲소르데스

소르데스의 화석

### 깃털이 있는 피부

익룡의 피부는 어땠을까요?
쥐라기 후기에 살았던 소르데스의 화석이 발견되며
확실히 밝혀졌어요.
피부에 붙어 있는 털까지 나와 거의 완벽하게 복원된 거지요!
이 화석을 통해 익룡의 피부는 포유류의 털과 비슷한
피크노 섬유라는 복슬복슬한 짧은 털로 덮여
있었다는 것이 확인되었답니다.

### 빗자루같이 생긴 이빨

백악기 전기에 살았고 날개 폭 약 2.5m의 프테로다우스트로.
위턱의 이빨은 작고 납작하지만, 아래턱에는 칫솔처럼 생긴
이빨이 무려 1,000개나 나 있었대요. 신기하게 생긴 이 이빨로
무얼 했을까요?
플라밍고는 이빨 대신 부리 가장자리가 빗살 모양으로 되어 있어
물을 걸러 내고 먹이만 삼켜요. 수염고래도 입안에 긴 수염이 빽빽
하게 나 있어 물과 함께 먹이를 먹은 후 물만 걸러 내지요.
프테로다우스트로도 수염처럼 가는 이빨을 체처럼 이용해 물속의
새우나 플랑크톤을 건져 먹지 않았을까요?

내 이빨 덕분에 식사 시간이 얼마나 편한지 모르지?

▲프테로다우스트로

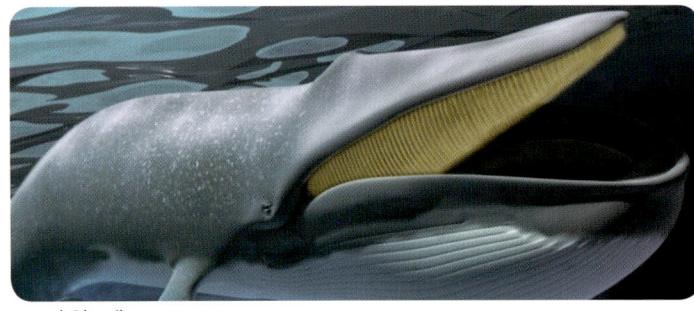

▲수염고래

▲플라밍고

▲투판닥틸루스

*내 볏, 진짜 멋있지?*

### 커다란 볏?
익룡의 머리 위로 솟은 커다란 볏은 무엇을 위한 걸까요?
하늘을 날다가 육지로 내려올 때 몸에 균형을 잡아 주었을까요?
하지만 익룡의 볏은 단순히 보여 주기 용이래요.
백악기 전기에 살았던 날개 폭 약 5m의 투판닥틸루스.
그의 볏은 크지만 약 1mm 정도의 얇은 두께로 매우 가벼웠고
화려한 색깔을 띠었다고 해요.
경쟁자를 위협하거나 암컷을 유혹하는 데 쓰였을 거랍니다.

🦴 궁금해? 궁금하면 뼈다귀 하나!

### 익룡이 네 발로 걸었다고?
익룡은 사냥할 때 새처럼 뒷발로 먹이를 낚아챘을까요?
사실 익룡의 발은 사람과 더 닮아서 무언가를 낚아채기에는
적합하지 않았어요.
게다가 뒷다리가 약해서 무거운 공룡을 잡고 힘차게 날아오르면
바로 다리뼈가 빠져 버렸을 수도 있어요.
그렇다면 착지는 잘했을까요? 확실하게 알 수는 없지만,
현재 남아 있는 익룡의 발자국을 통해 땅 위에서는 네 발로
걸어 다녔다는 사실은 명확히 알 수 있어요.
우리나라 해남 황산면 우항리에도 무려 7.3m나 걸어간 익룡의 발자국이 남아 있거든요.
앞 발자국과 뒷 발자국의 모양을 연구한 결과, 학자들은 익룡이 네 발로 걸어 다녔다는 사실을 밝혀냈답니다.

해남 우항리의 익룡 발자국 화석

공룡에 관한 궁금증 33

# 중생대 바닷속은 어땠을까?

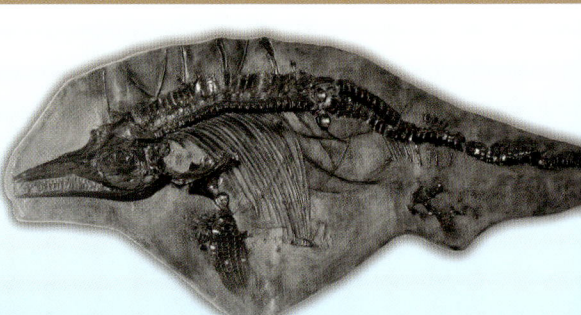

**이크티오사우루스**
중생대 바다에는 나처럼 물고기를 닮은 친근한 어룡도 있었어. 오늘날 고래나 돌고래랑 비슷하다고 할까? 어룡은 몸에 비해 눈이 커서, 캄캄한 바다에서도 먹잇감을 잘 발견했지.

▲이크티오사우루스의 화석

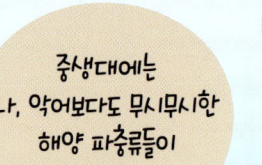

중생대에는 나, 악어보다도 무시무시한 해양 파충류들이 있었대.

**플레시오사우루스**
수장룡들은 물속에서 숨을 쉴 수 없기 때문에, 물 밖으로 머리를 내밀고 숨을 쉬었어. 쥐라기 전기에 살았지.

**플리오사우루스**
지구 역사상 가장 난폭하고 포악한 포식자라 불리지. 무는 힘은 티라노사우루스의 4배라고 알려져. 쥐라기 후기에 살았어.

**틸로사우루스**
두개골의 길이만 2m가 넘어. 돌출된 주둥이 끝으로 먹잇감을 들이받아서 사냥했지. 당시 바다 생태계에 있어서 먹이사슬 맨 꼭대기 있었던 몸이라고! 백악기 후기에 살았어.

공룡에 관한 궁금증 **34**

# 중생대 육상동물이 궁금해?

## 우리도 있었다! 중생대의 육상동물!

인간뿐만 아니라, 포유류, 파충류, 양서류, 그리고 지구 동물의 약 75%를 차지하는 곤충과 그보다 많고 다양한 식물까지…. 지구에는 수많은 생명이 함께 살고 있어요. 중생대도 마찬가지. 땅 위에 공룡만 산 것이 아니에요.
특히 공룡의 활동이 적었던 트라이아스기는
고생대에서 살아남은 작은 곤충이나 양서류, 파충류가 많이 살고 있었지요.

쌍둥이 아냐?
내가 좀 나은 듯~

### 드레파노사우루스
난 트라이아스기 후기에 살았던 작은 파충류!
개미핥기처럼 나무껍질 속에 있는 벌레를 잡아먹었어.
앞발의 휜 발톱과 꼬리 끝에 난 가시 덕분에
나무를 쉽게 오르내릴 수 있었거든.

### 기가티탄
난 사마귀처럼 생긴 거대 곤충이야!
작은 양서류와 파충류도 사냥했을 만큼
무시무시한 사냥꾼이었지.
하지만 트라이아스기 후기에는 모습을 감추었어.
왜냐고? 공룡이 등장했거든.
아마 몸집이 커서 공룡들 눈에 잘 띄었을 거야.

### 라올레스테스
난 쥐라기 후기에 살았던 아주 귀여운 포유류지.
공룡을 피해 밤에 주로 활동했어.
난 작은 소리도 무척 잘 들었어.
밤에는 시각보다 청각이 중요하니까!

### 레페노마무스
난 백악기 전기에 살았는데, 공룡이 무섭지 않았어!
화석으로 남은 내 배에서 프시타코사우루스의
새끼 뼈가 나왔거든. 우리 포유류가 공룡에게
잡아먹히기만 했을 거라는 고정관념은 버리도록!

**사나예**

난 백악기 후기에 살았던 커다란 뱀이야.
내가 처음 발견된 곳은 거대한 목 긴 공룡의 알둥지였어.
공룡의 알과 새끼 공룡을 사냥하는 중이었을 거야.

**베엘제부포**

난 백악기 후기에 살았던 개구리!
지금까지 지구에 살았던 어떤 개구리보다 크지.
무는 힘이 아주 강해서 입에 들어가는
크기의 공룡은 다 잡아먹었을 거야.

40cm로 추정

🦴 궁금해? 궁금하면 뼈다귀 하나!

## 거대 잠자리는 왜 사라졌을까?

중생대 이전인 고생대에 나타난 원시 잠자리 메가네우라.
현재 잠자리의 날개 길이는 10cm이지만
메가네우라는 70cm에 달했어요.
지금까지 알려진 하늘을 나는 곤충 중 가장 몸집이 크지요.
그런데 왜 지금은 이렇게 큰 잠자리를 볼 수 없을까요?
고생대에는 대기 중에 산소가 아주 많았어요.
그래서 하늘을 나는 데 필요한 근육이 두꺼워지고 몸집이 더 커질 수 있었지요.
하지만 중생대로 넘어가며 급격한 환경 변화로 대멸종이 일어났어요.
여러 가지 설이 있지만 가장 유력한 것은 시베리아의 화산 폭발이에요.
그 결과 지구에 살고 있던 생물이 대부분 사라지고,
메가네우라도 점차 환경에 적응해 사라지거나 작아졌지요.

메가네우라의 화석 ⓒ Hcrepin

난 메가네우라.
내 날개는 70cm나
되었다고!

공룡에 관한 궁금증 35

# 왜 공룡은 갑자기 사라졌을까?

## 공룡이 멸종한 이유는?

공룡 머리가 너무 무거워서?

포유류나 다른 동물들이 공룡알을 다 먹어 치워서?

공룡이 뀐 방귀로 인한 지구온난화 때문에?

너무 더워서? 너무 추워서? 너무 건조해서? 너무 습해서?

공룡 멸종에 관한 이론은 무려 100가지가 넘어요.

그중 많은 과학자의 지지를 받는 것이 '운석 충돌설'이에요.

미국 애리조나 주 사막 한가운데는 지름 1.6km,

깊이 170m의 거대한 웅덩이가 나 있어요.

우주에서 날아온 지름 50m의 큰 운석*이 어마어마하게 빠른 속도로

충돌해서 생겼을 거로 추측해요.

이렇게 큰 골짜기가 운석 충돌 웅덩이라니~

그런데 공룡 멸종설에 가장 유력한 운석은 이것보다 무려 200배 크다고 해요.

이는 에베레스트 산이 총알처럼 빠르게 날아와 지구에 떨어진 충격과 비슷할 것이라고 말하는 과학자도 있어요.

운석과 충돌한 지구는 엄청난 기후변화가 생겼어요.

산성비가 쏟아지고, 검은 연기와 먼지가 지구 전체를 뒤덮어 햇빛을 막아 버렸지요.

지구는 기나긴 겨울을 맞이했어요. 이렇게 환경이 급격하게 변하자 식물은 점점 시들어 갔어요.

식물이 사라지자 초식동물이 죽어가고, 육식공룡도 버티기 힘들어졌지요.

이렇게 점차 공룡들이 사라져 갔어요.

먹이가 많이 필요한 커다란 공룡에게 아주 불리한 환경이었으니까요.

### ✅ 한 걸음 더!

*운석
우주를 떠돌던 물체가 지구에 떨어질 때 다 타지 않고 땅에 떨어진 것.

또 다른 유력한 멸종설은 인도 데칸고원에서 일어난 화산 폭발이에요. 이 때문에 일어난 기후변화로 공룡이 멸종했다는 주장도 많은 지지를 받지요. 그리고 여기에 운석 충돌까지 더해졌다는 주장도 있고요. 공룡 멸종에 관한 연구는 지금도 앞으로도 계속되고 있답니다.

화산이 폭발해, 빨리 도망가!

🦴 궁금해? 궁금하면 뼈다귀 하나!

### 운석 충돌설의 강력한 증거, 이리듐!

이탈리아의 한 소도시, 중생대와 신생대의 경계 지층.
공룡학자들은 이곳에 큰 관심을 두고 있어요. 왜냐고요?
지구에서는 거의 찾아볼 수 없는 낯선 금속 '이리듐' 성분이 많이 검출되었거든요.
이리듐은 운석의 대표적인 구성 성분이에요. 이는 운석 충돌설의 가장 큰 증거가 되고 있답니다.

# 공룡과 놀자

## 어느 익룡의 화석일까?

익룡의 화석들이 한 곳에서 동시에 발견되었어요.
어떤 화석이 어느 익룡의 것인지 선을 그어 맞혀 보세요.

© Frank Kovalcheck

"네 발로 땅을 뛰어다니며 곤충을 먹었다고?"

© Matt Martyniuk

"가장 유명한 익룡이야!"

© H. zell

"주둥이가 위로 살짝 휘어 있어."

정답 : 95쪽 확인

## 중생대 바다를 탈출하라!

우리가 타고 있던 잠수함이 그만 중생대로 와 버렸어요.
바닷속은 온통 무시무시한 해양 파충류로 가득해요.
이들을 피해 현재로 무사히 돌아갈 수 있을까요?

정답 : 95쪽 확인

# 공룡과 놀자 정답

**20쪽**
숨은 공룡 찾기

**21쪽**
그림자를 찾아라!

**32쪽**
꼬리를 밟은 범인은?

**33쪽**
목 긴 공룡의 진짜 몸은?

**44쪽**
말풍선의 주인은 어디에?

**45쪽**
잃어버린 퍼즐 조각은 어디에?

### 56쪽
어느 공룡의 몸일까?

### 57쪽
진짜 공룡의 알을 찾아라!

### 68쪽
알쏭달쏭, 공룡의 체온

### 69쪽
다른 그림 찾기

### 80쪽
내 먹이는 어디에?

### 81쪽
어느 공룡의 뼈일까?

### 92쪽
어느 익룡의 화석일까?

### 93쪽
중생대 바다를 탈출하라!
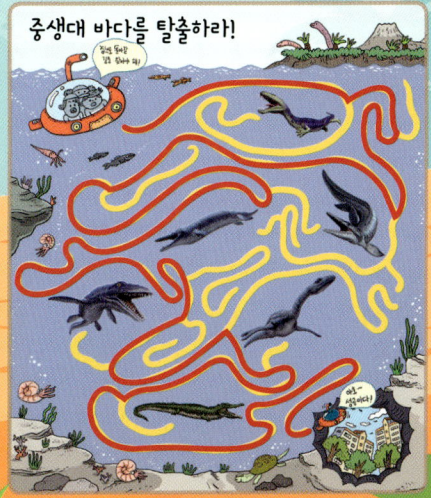

# 초식공룡을 만나요

**스테고사우루스** 쥐라기 후기

**브라키오사우루스** 쥐라기 후기

**무타부라사우루스** 백악기 전기

**프시타코사우루스** 백악기 초기

**안킬로사우루스** 백악기 후기

**파키케팔로사우루스** 악기 후기

**사우로펠타** 백악기 전기

**마이아사우라** 백악기 후기

**트리케라톱스** 백악기 후기

**플라테오사우루스** 트라이아스기 후기

**바로사우루스** 쥐라기 후기

## 글 박성욱

현재 EBS 〈생방송 톡!톡! 보니하니〉를 집필 중인 박성욱 작가는 1998년 방송작가로 출발했다. EBS의 〈돌아온 그린맨〉, 〈춤추는 소녀 와와〉, 〈명탐정 피트〉, 〈갤럭시 안전 프로젝트〉, KBS의 〈TV유치원 파니파니〉 등을 집필했으며, 서울시 〈어린이 신문〉의 자문 위원 등, 어린이 분야에서 왕성하게 활동 중이다. 2018년 EBS 〈점박이 공룡대백과〉 방송을 계기로, 새롭게 알게 된 공룡에 대한 많은 정보를 어린이 친구들과 나누기 위해 책을 쓰게 되었다.
세계는 첨단으로 치닫지만, 시대를 불문하고 아이들의 호기심과 꿈을 키워주는 공룡!
마치 공룡처럼, 아이들에게 신선한 충격을 주고 꿈을 키워주는 글을 쓰는 것이 박성욱 작가의 작은 바람이다.

## 글 김혜림

현재 두 아들의 엄마이기도 한 김혜림 작가는 어린 시절부터 막연히, 그리고 당연히 꿈꾸던 작가의 길을 1999년부터 시작했다. 유명 뮤지션들의 콘서트를 구성하고 주로 KBS와 M.NET의 예능프로그램들을 집필했다. 이후 EBS에서 〈사이언스 대전〉, 〈로봇파워〉 등 과학 프로그램과 육아 지침서인 〈생방송60분 부모〉를 집필하며 두 권의 책을 출판했으며, 〈로봇X드론 챌린지〉로 제215회 〈이달의 PD상〉을 수상하기도 했다. 2018년 EBS 〈점박이 공룡대백과〉 프로그램은 특히 아이들이 너무 좋아하고 글을 쓰는 동안 많은 응원과 지지를 받아 더욱 애착이 간다.
지금은 절대 만날 수 없지만, 여전히 존재감 최고인 공룡 이야기같이 신선하고 재밌고 감동을 주는 작가가 되길 소망한다.

**1판 1쇄** 2019년 11월 18일 | **1판 2쇄** 2020년 6월 8일

**기획** 점박이 공룡대백과 제작팀
**글** 박성욱, 김혜림
**감수** 이정모
**그림** EBS, 드림써치 C&C, 이창섭
**사진** 점박이 공룡대백과2, shutter stock, wikipedia
**펴낸이** 김준성  **펴낸곳** 도서출판 키움
**편집** 이정아, 송지혜, 강정현, 오주현  **디자인** design S 손성희
**주소** 경기도 파주시 회동길 325-16  **홈페이지** www.kwbook.com
**등록** 2003.6.10(제18-144호)  **전화** 02-887-3271,2  **팩스** 031-941-3273

© JUMBAGI2 SPC/EBS/DREAM SEARCH C&C, 2019

이 책에 실린 모든 글과 그림을 저작권자의 허락 없이 무단으로 복제, 복사, 배포하는 것은 저작권자의 권리를 침해하는 것입니다.
※ 잘못된 상품은 구매하신 서점에서 교환하실 수 있습니다.